Gert Prokop

Der Drache mit den veilchenblauen Augen

und andere Märchen

Illustrationen
von Gerhard Rappus

Der Kinderbuchverlag
Berlin

ISBN 3-358-00832-0

9. Auflage 1988

Lizenz-Nr. 304-270/257/88
Lichtsatz: INTERDRUCK Graphischer Großbetrieb Leipzig – III/18/97
Druck und buchbinderische Verarbeitung: Offizin Andersen Nexö
Grafischer Großbetrieb Leipzig
LSV 7528
Bestell-Nr. 629 236 0
00750

Der Drache mit den veilchenblauen Augen

Es war einmal ein kleiner Drache, der wurde von seinen Eltern verstoßen.

Schon als er aus dem Ei kroch, schnupperte Mutter Drache mißtrauisch, denn der Kleine roch gar nicht nach Pech und Schwefel, und als er ganz herausgekrochen war, sahen sich Drachenmutter und Drachenvater mißmutig an, denn der kleine Drache hatte nicht drei Köpfe, wie alle seine Geschwister, sondern nur einen. Das war ärgerlich, aber noch kein Unglück.

Es kommt immer wieder vor, daß ein Drache mit nur einem Kopf aus dem Ei schlüpft, dafür haben andere dann deren sieben, und alle hundert Jahre gibt es sogar einen Drachen mit dreizehn Köpfen. Wenn solch ein Drache auf die Welt kommt, verbreitet sich die Nachricht in Windeseile, und die Drachen kommen von weit her, um den vielköpfigen Verwandten zu bewundern. Seine Eltern spucken den ganzen Tag Purpurfeuer und blähen sich vor Stolz so auf, daß man befürchten muß, sie könnten jeden Moment aus ihren Schuppenpanzern platzen.

Ein einköpfiger Drache jedoch ist kein Grund, stolz zu sein, im Gegenteil, die Eltern, denen solch Ungemach widerfährt, möchten am liebsten den minderköpfigen Nachwuchs verstecken und sind ganz niedergeschlagen.

Dabei hat es auch ganz hervorragende einköpfige Drachen gegeben, die sich einen großen Namen gemacht haben, ja, es wird sogar gemunkelt, daß der Drache, mit dem weiland der heilige Georg gekämpft hat und der dadurch einer der bekanntesten Drachen der Erde geworden ist, in Wirklichkeit nur ein Einkopf gewesen sein soll. Aber das sagt man besser nicht laut, weil sonst alle alten Drachen böse werden.

Der kleine Drache wurde auf den Namen Pirniplix getauft, denn pir heißt in der Drachensprache eins, und plix heißt Kopf, und er wurde von seiner Mutter gehegt und gepflegt, wie seine Geschwister auch. Die Dracheneltern ließen es den kleinen Pirniplix nicht fühlen, daß er ein Kümmerling war, obwohl es den Vater sehr betrübte, denn er selbst war ein Siebenkopf. Auch darüber, daß der Kleine viel zu große Flügel bekam und mehr einer Flugechse als einem Panzerdrachen glich, sahen sie hinweg.

Doch als Pirniplix zum erstenmal Feuer spucken sollte und nur warme Luft von sich geben konnte, wurde der

Drachenvater richtig unwirsch, und am Abend sagte er zu seiner Frau: „Ich weiß gar nicht, was einmal aus unserem kleinen Pirniplix werden soll. Er kann nicht einmal richtig Feuer spucken.“

Die Drachenmutter beruhigte ihn und sagte: „Ach, laß ihm nur Zeit, er wird es schon noch lernen.“

Doch dann geschah es. Am siebzehnten Tag. Das ist der Tag, an dem die Drachen zum erstenmal ihre Augen richtig öffnen. Bis dahin machen sie sie nur um einen winzigen Spalt auf, damit sich die Geschwister nicht gegenseitig im Nest erschrecken, denn es ist selbst für einen Drachen gar fürchterlich, aus der Nähe in ein Drachenauge zu blicken. Deshalb meiden Drachen auch klares Wasser, und Spiegel sind ihnen ein Greuel.

Als Pirniplix seine Lider zum erstenmal aufriß, sah seine Mutter, daß er nicht feuerrote Augen hatte, sondern veilchenblaue, und es schlugen auch keine Funken daraus, im Gegenteil, auf dem Veilchenblau leuchteten zitronengelbe Pünktchen, die sahen so lustig aus, daß wirklich niemand Angst vor diesem Drachen bekommen konnte.

Die Drachenmutter wartete voller Furcht auf den Abend, da der Vater nach Hause kommen mußte, und tatsächlich, kaum hatte der alte Drache Pirniplixens veilchenblaue Augen mit den zitronengelben Pünktchen erblickt, da fing er an zu toben und zu brüllen und mit seinem mächtigen Stachelschwanz um sich zu schlagen, daß ringsum die Erde bebte und alles Getier im weiten Umkreis die Flucht ergriff und sogar die Menschen fern in der Stadt ängstlich auf das Zittern des Bodens lauschten.

„Hinaus“, schrie der alte Drache, stemmte sich auf seine Vordertatzen über den armen Pirniplix und ließ seine sieben

Köpfe bedrohlich hin und her schaukeln. „Und daß du mir nie mehr unter die Augen kommst, oder –“

Was dann mit ihm geschehen sollte, hörte Pirniplix schon nicht mehr, so schnell machte er sich davon, denn sein Vater sah gar schrecklich aus in seinem Zorn. Aus seinen Augen schlugen meterlange Funken, und dicker schwarzer Rauch quoll aus allen seinen Mäulern. Pirniplix rannte, so schnell er konnte.

Plötzlich verlor er den Boden unter den Füßen, denn weil er sich dauernd umblickte, ob ihm auch niemand folgte, hatte er nicht gesehen, daß sich eine tiefe Schlucht vor ihm auftat. Er schlug verzweifelt mit den Flügeln, und da merkte er, daß er fliegen konnte.

Einen Augenblick lang war er so verblüfft, daß er beinahe doch noch abgestürzt wäre, aber dann breitete er seine Flügel aus und ließ sich vom Wind tragen. Er fand es wunderschön zu fliegen, so schön, daß er darüber sogar seinen Kummer vergaß und nicht mehr daran dachte, daß er sich nun allein und ohne Eltern durch das Leben schlagen mußte.

Und das war gar nicht so einfach. Denn in diesem Alter ernähren sich die Drachen noch von Honig und Milch, und wo sollte der kleine Pirniplix die hernehmen?

Er versuchte ein paarmal, sich einer anderen Drachenfamilie anzuschließen, aber die Drachen jagten ihn immer wieder fort. Niemand wollte etwas mit einem einköpfigen Drachen mit veilchenblauen Augen zu tun haben.

So suchte Pirniplix sich einen Platz, an dem er sich verbergen und den Drachenkindern wenigstens aus der Ferne zusehen konnte, denn er fühlte sich schrecklich einsam und verlassen. Er entdeckte eine Höhle, in der eine

Schwefelquelle plätscherte, über der gelbe und schwarze Nebel dampften und wo es herrlich nach Pech und Schwefel stank, aber die gehörte schon einem alten Siebenkopf. Als der nach Hause kam und Pirniplix in seiner Höhle fand, riß er seine Mäuler auf und schrie, daß die Wände zitterten, und spuckte Feuer aus allen Köpfen, und nur daß er so gut fliegen konnte, rettete dem kleinen Drachen das Leben.

Er verkroch sich im Wald. Er zitterte am ganzen Leib, daß die Schuppen seines Panzers laut klapperten, so sehr fürchtete er sich. Plötzlich schnupperte er. Es roch nach Honig. Der Honigduft kam aus einem Astloch in einem dicken Eichenbaum. Pirniplix stellte sich auf die Hinterbeine und steckte die Zunge in das Loch. Es war aber das Schlupfloch eines großen Bienenstocks. Die Bienen schwirrten aufgeregt herbei, und da Pirniplix noch so jung war, daß seine Zunge noch keine Lederhaut hatte, bohrten die Bienen ihre Stacheln in die Zunge und fügten ihm einen Bienenstich neben dem anderen zu. Eine Woche lang war sie dick geschwollen und tat entsetzlich weh.

So wäre der kleine Drache fast Hungers gestorben. In seiner Verzweiflung fing er an, Quellwasser zu trinken und Blätter zu fressen.

Eines Tages, als Pirniplix einen Ausflug zum Waldrand machte, merkte er, daß es nach Milch roch. Er flog dem Geruch nach, bis er an eine Wiese kam, auf der wurden gerade die Kühe gemolken. Pirniplix paßte gut auf, woher die Milch kam, und als die Bäuerinnen mit dem Melken fertig waren und ihre Kannen auf den Wagen luden und ins Dorf fuhren, ließ er sich langsam auf die Wiese herab.

Er versteckte sich erst hinter einem Ginsterbusch und beobachtete vorsichtig. Richtig bissig und böse kann ein

Drache nämlich nur werden, wenn er von der dritten Lebenswoche an, bis er ein Jahr alt wird, jede Woche einmal dreizehn Schluck Stierblut bekommt, und da Pirniplix nie Stierblut zu trinken bekommen hatte, war er über die Maßen ängstlich und fürchtete sich sogar vor Kühen.

Aber der Duft der frischen Milch kitzelte ihn so in der Nase, daß er seine Furcht überwand und sich von hinten an eine dicke, braun und weiß gefleckte Kuh heranschlich, die ganz geschäftig vor sich hin graste. Er kroch unter ihren Bauch, nahm eine der Zitzen in den Mund und sog daran.

Die Kuh hätte sicher nichts dagegen gehabt, wenn er eine Stunde früher gekommen wäre. Kühe geben ja nicht nur den eigenen Kindern zu trinken, sondern sind sehr großzügig mit ihrer Milch, weshalb auch die Menschenkinder so viel Milch trinken können, wie sie wollen.

Da die Kuh aber frisch gemolken und ihr Euter also leer war, tat es ihr weh, und sie schlug unwillig mit dem Schwanz um sich.

Der kleine Drache merkte das nicht durch seinen dicken Schuppenpanzer und sog heftig weiter. Da stieß die Kuh mit dem Bein nach ihm und traf Pirniplix in den Nacken und unglücklicherweise gerade an die Stelle, wo die Halsschuppen in den Rückenpanzer übergehen und die Drachen verwundbar sind. Pirniplix schrie laut auf vor Schmerz und flog schnell davon und schwor sich, nie wieder Milch zu trinken.

Er verkroch sich in der Ruine einer ausgebrannten Mühle, die einsam und verlassen im Wald stand. Da hatte er nicht nur das klare Wasser des Mühlteichs zum Trinken, sondern auch eine Schlammkuhle, in der er sich nach Herzenslust wälzen konnte, und als er die Mühle durchstöberte, entdeckte er eine ganze Kammer voller Korn, das hatten die Menschen zurückgelassen, weil es bei dem Feuer angesengt und deshalb ungenießbar geworden war.

Pirniplix aber leckte sich das Maul vor Wohlbehagen, denn angesengtes Korn ist für kleine Drachen ein Leckerbissen, so wie für Menschenkinder Schokoladenpudding oder Sahnebonbon. Mit der Zeit wurde es ihm jedoch zu langweilig in seiner Mühle. Denn wenn man alleine ist, macht es nicht einmal Spaß, den ganzen Tag zu naschen und im Schlamm zu wühlen. So beschloß er, einen Ausflug über das Land vor dem großen Felsengebirge zu machen, obwohl die Mutter die kleinen Drachen ermahnt hatte, sie sollten sich niemals in die Nähe der Menschen begeben, und gruselige Geschichten erzählt hatte, wie es unartigen Drachenkindern ergangen war, die nicht auf ihre Eltern gehört hatten.

„Ja, früher", so hatte die Drachenmutter gesagt, „da war es noch anders. Da verbreiteten wir Drachen Furcht und Schrecken, wohin wir kamen, selbst die ganz kleinen Drachenkinder, die noch gar nicht richtig Feuer spucken können, und alle Menschen zitterten vor uns, weil sie mit ihren Schwertern und Pfeilen nichts gegen unsere Panzer ausrichten konnten. Und wenn es dennoch einmal einem Ritter gelang, einen Drachen zu überwinden, dann wurde der gleich als Held gefeiert. Aber vor kurzem haben die Menschen schreckliche Waffen erfunden, die heißen Kanonen, mit denen können sie jeden Drachen töten, und wenn er gar dreiundzwanzig Köpfe hätte und den dicksten Panzer der Welt."

Pirniplix fühlte sich gar nicht wohl, als er jetzt den Wald verließ, und er hielt sich so, daß er jederzeit schnell hinter einer Wolke verschwinden konnte. Da ihm aber nichts Böses widerfuhr und die Sonne lustig auf die Felder und Wiesen und Dörfer schien, wagte er sich immer weiter vor, bis er an eine Stadt kam, die hatte so viele Häuser, daß Pirniplix es bald aufgab, sie zu zählen, denn er hatte nur bis sieben zählen gelernt. Aus den Schornsteinen stieg schöner schwarzer Rauch zum Himmel. Es war Mittag. Pirniplix pirschte sich hinter den Wolken von einem Rauch zum anderen, aber der schöne Qualm war überall von Essendunst verdorben, der dem kleinen Drachen unangenehm in die Nase stach, der Geruch von Erbsensuppe oder Bohnensuppe oder Kartoffeln, der über den meisten Häusern stand, ebenso wie der Duft von Schweinebraten beim Fleischermeister und der Gänsebratenduft über dem Bürgermeisterhaus. Am besten gefiel es ihm über der Bäckerei. Da roch es ein wenig süß wie Honig und zugleich wunderschön brenzlig. Die Bäckersfrau schwatzte nämlich mit der Frau Schneidermeister vor der Haustür und hatte dabei das Essen anbrennen lassen. Plötzlich schlug sie die Hände über dem Kopf zusammen und stürzte ins Haus, und bald darauf begann es entsetzlich nach Rotkohl zu riechen, so daß Pirniplix schleunigst weiterflog. Schließlich schwebte er über der Schmiede, da roch es nur nach Rauch und sogar ein wenig nach Schwefel.

Dann entdeckte er vor den Toren der Stadt viele bunte Flecken am Himmel. Im Schutz einer dicken weißen Wolke flog er hinüber. Als er näher herankam, sah er, daß es kleine Drachen waren, und als er immer näher kam, sah er, daß es ganz ungewöhnliche Drachen waren. Sie hatten viereckige oder sechseckige Köpfe und leuchteten in allen Farben und hatten lange Schwänze, die lustig flatterten, und lange Schnüre am Hals, die bis zur Erde reichten. Das Ungewöhnlichste aber war, daß sie sich ganz friedlich benahmen und keine Anstalten machten, Pirniplix zu beißen oder gar Feuer zu spucken.

So schwebte er bald mitten zwischen ihnen, breitete die Flügel weit aus, ließ sich mit den anderen im Wind treiben und war glücklich, daß er nicht mehr allein war.

Als es aber dunkel zu werden begann, stieg ein Drache nach dem anderen zum Boden hinab. Bald war Pirniplix allein mit einem rotweiß gestreiften Drachen mit großen

grünen Augen. Pirniplix versuchte, mit ihm ins Gespräch zu kommen, aber er erhielt keine Antwort, was er auch fragte, und schließlich ließ der andere sich einfach zu Boden gleiten. Pirniplix folge ihm, da sah er, daß ein Junge den rotweiß gestreiften Drachen an der Leine einzog. Dann nahm der Junge den Drachen unter den Arm und ging davon. Pirniplix spürte plötzlich, wie hungrig er war, und wollte sich gerade auf den Heimweg zu seiner Mühle machen, da hörte er ein Schluchzen. Es war ein kleiner Junge, der auf einem Stein saß und weinte. Der Drache schlich sich hinter den Büschen an ihn heran und guckte erst einmal, ob der Junge auch keine Kanone bei sich hatte. Er wußte zwar nicht genau, wie eine Kanone aussah, aber er dachte, wenn es so eine schreckliche Waffe war, daß man damit sogar einen dreiundzwanzigköpfigen Drachen töten konnte, dann würde er sie schon entdecken. Der Junge hatte aber nichts bei sich, was gefährlich aussah.

Da hustete Pirniplix, aber der Junge rührte sich nicht.

Pirniplix hustete noch einmal, aber der Junge rührte sich wieder nicht.

Schließlich fragte Pirniplix ihn: „Warum weinst du?“

„Weil ich keinen Drachen habe“, sagte der Junge, sah aber immer noch nicht auf.

„Dann spiel doch mit mir“, sagte Pirniplix.

„Ich will aber einen Drachen haben“, sagte der Junge.

„Ich bin doch ein Drache“, sagte Pirniplix und stieß den Jungen mit der Nase an die Schulter.

Da sah der Junge sich um, und als er Pirniplix erblickte, wäre er beinahe vom Stein gefallen. Er war so erschrocken, daß er nicht einmal davonlaufen konnte.

„Beißt du auch nicht?“ fragte er.

„Nein", sagte Pirniplix und sah ihn aus seinen veilchenblauen Augen an, und als der Junge die zitronengelben Pünktchen in Pirniplixens Augen sah, war er gar nicht mehr so ängstlich.

„Aber vielleicht spuckst du Feuer?" fragte er. „In den Märchen heißt es, daß Drachen Feuer spucken."

„Ja, das stimmt", sagte Pirniplix, „aber ich kann kein Feuer spucken", und er atmete ein paarmal tief aus, damit der Junge sich überzeugen konnte, daß es nur warme Luft war. „Deshalb hat mich mein Vater auch aus dem Nest geworfen", sagte Pirniplix traurig. „Und wegen meiner veilchenblauen Augen. Und jetzt bin ich allein und suche jemanden, der mit mir spielt."

„Kannst du denn fliegen?"

„Und ob", sagte Pirniplix. Er breitete die Flügel aus und schwang sich in die Lüfte, flog Kreise und Spiralen, ließ sich im Sturzflug herabfallen und stieg steil wieder nach oben und machte alle Kunststücke, die er kannte. Der Junge klatschte ein über das andere Mal in die Hände und jubelte vor Freude. „Nun", fragte Pirniplix, als er ganz atemlos wieder gelandet war, „kann ich fliegen?"

„Du bist der tollste Drache, den ich je gesehen habe", sagte der Junge. „Willst du mein Freund sein und mit mir spielen? Ich heiße Konrad und wohne in dem kleinen Haus an der Stadtmauer."

„Und ich heiße Pirniplix und wohne in der ausgebrannten Mühle im Wald", sagte der kleine Drache. „Ja, ich will dein Freund sein und immer mit dir spielen."

„Dann muß ich dir aber eine Schnur um den Hals binden", sagte Konrad, „sonst ist es kein richtiges Drachenspiel, und du mußt immer so fliegen, wie ich es will."

Pirniplix versprach es ihm und ließ sich bereitwillig an die Leine nehmen, und sie spielten Drachen, bis es schon ganz dunkel wurde und der Mond aufging. Da zog Konrad heftig an der Schnur, daß es Pirniplix fast zu Boden gerissen hätte.

„Ich muß schnell nach Hause", sagte Konrad zu dem kleinen Drachen. „Die Großmutter wird schon schimpfen, daß ich so spät komme. Und üben muß ich auch noch. Ich lerne nämlich beim Kantor lesen und schreiben und rechnen."

„Nimm mich doch mit", sagte Pirniplix. „Ich helfe dir. Ich kann bis sieben zählen."

Da lachte Konrad. „Das wird nicht reichen. Wir rechnen schon bis hundert. Und was soll ich der Großmutter erzählen, wer du bist und woher ich dich habe? Das glaubt mir doch kein Mensch! Ein richtiger Drache, der sogar sprechen kann und einen Namen hat. Großmutter sagt, die Drachen sind längst ausgestorben.“

„Beinahe“, sagte Pirniplix. „Viele gibt es nicht mehr, weil die Menschen uns Drachen gleich töten, sowie sie uns zu Gesicht bekommen. Deshalb leben wir jetzt auch mitten im tiefsten Wald an den großen Bergen. Doch ich habe keine Angst vor dir.“ Und er rieb seine Nase an Konrads Schulter.

„Aber die Erwachsenen“, sagte Konrad nachdenklich, „bestimmt werden sie dich töten.“

„Und wenn ich mich steif mache wie die anderen Drachen?“

„Kannst du das denn?“

Pirniplix machte sich ganz steif.

„Ja“, sagte Konrad, „so geht es. Du kommst mit mir und schläfst unter meinem Bett, und morgen gehen wir beide wieder hierher.“

Pirniplix nickte mit dem Kopf, und seine veilchenblauen Augen leuchteten.

„Aber du wirst Hunger kriegen“, sagte Konrad, „was machen wir dann? Was fressen kleine Drachen?“

„Am liebsten Milch und Honig“, antwortete Pirniplix.

„Milch kannst du haben“, sagte Konrad, „die Großmutter gibt mir jeden Tag zwei Glas Ziegenmilch, und dabei mag ich die gar nicht. Meine Milch will ich dir gerne geben, aber Honig haben wir nicht, wir sind arme Leute. Die Großmutter hat nicht viel Geld. Deshalb habe ich auch keinen Drachen.“

„Aber jetzt hast du doch einen“, sagte Pirniplix.

„Ja, das stimmt“, sagte Konrad und lachte. „Komm, wir wollen nach Hause gehen.“

Er brachte den kleinen Drachen unbemerkt durch das Tor in die Stadt und auch in das Haus und versteckte ihn unter seinem Bett. Pirniplix mußte ihm noch einmal versprechen, artig zu sein und keinen Krach zu machen, und er lag tatsächlich mucksmäuschenstill in seinem Versteck, obwohl eine dicke Fliege sich dauernd auf seine Nase setzte und ihn kitzelte.

Konrad versuchte, der Großmutter beim Abendbrot von dem kleinen Drachen zu erzählen, aber sie glaubte ihm nicht, außerdem war sie noch verärgert, weil er so spät nach Hause gekommen war.

„Papperlapapp", sagte sie nur, „du sollst dir doch nicht immer solche Geschichten ausdenken. Am Ende werden dich noch alle Kinder auslachen. Ein richtiger Drache, wo gibt es denn so was!"

Als Konrad seine Stullen aufgegessen hatte, nahm er sein Glas Milch und brachte es Pirniplix, und der trank es mit Wohlbehagen. „Es gefällt mir sehr gut bei dir", sagte er.

„Aber du kannst doch nicht bei mir bleiben", sagte Konrad, „die Großmutter will mir nicht glauben. Sie ist richtig böse geworden, und wenn sie dich entdeckt, wird sie Krach schlagen."

„Dann verstecke ich mich eben an der Wiese", sagte Pirniplix, „und du kommst, wenn du mit dem Unterricht fertig bist, und spielst mit mir."

So verabredeten sie es.

Sie warteten, bis die Großmutter ins Bett gegangen war und ihr tiefer Atem verriet, daß sie schlief. Dann kroch Pirniplix unter Konrads Bett hervor und schlich sich hinaus. Dabei stieß er aber gegen den Stuhl, daß der mit lautem Krach umfiel. Die Großmutter schreckte hoch, und als sie

den kleinen Drachen erblickte, kreischte sie laut auf und zog sich schnell die Bettdecke über die Ohren.

„Warum schreist du, Großmutter?“ fragte Konrad.

„Vor meinem Bett steht ein leibhaftiger Drache“, sagte die Großmutter.

„Papperlapapp“, sagte Konrad, „du hast geträumt. Ein richtiger Drache, wo gibt es denn so was!“ und kroch schnell unter die Bettdecke, denn er konnte sich das Lachen nicht länger verkneifen.

Pirniplix aber hatte sich inzwischen aus dem Haus geschlichen und setzte gerade zum Flug über die Stadtmauer an, als der Nachtwächter um die Ecke bog. Als er den kleinen Drachen erblickte, riß er sein Horn hoch und wollte lauthals lostuten, da sah Pirniplix ihn aus seinen veilchenblauen Augen an und sagte: „Guten Abend.“

Der Nachtwächter war so verdutzt, daß er mit offenem Mund zuschaute, wie Pirniplix davonflog. Dann machte er einen mächtigen Spektakel, daß die Leute aus ihren Häusern gestürzt kamen und aufgeregt fragten, wo es denn brenne.

„Ich habe einen leibhaftigen Drachen gesehen“, sagte der Nachtwächter, und als ihm niemand glauben wollte, fügte er noch hinzu: „und er hat mir sogar einen guten Abend gewünscht.“

Da schüttelten alle den Kopf und dachten: Unser Nachtwächter wird auch schon recht alt und wunderlich. Ein richtiger Drache, wo gibt es denn so was!

Pirniplix aber versteckte sich in dem Gebüsch an der Wiese und wartete, bis die Kinder kamen. Konrad kam erst spät am Nachmittag, denn er hatte zuvor noch der Großmutter im Haus geholfen. „Pirniplix, wo bist du?“ fragte er leise. Der kleine Drache kroch aus seinem Versteck hervor, ließ sich von Konrad an die Leine nehmen und stieg in die Lüfte und machte die schönsten Kunststücke, und alle Kinder wunderten sich, woher der arme Konrad den schönen Drachen hatte, der so gut fliegen konnte wie kein anderer, sogar als der Wind sich legte und alle anderen Drachen zu Boden fielen.

Konrad aber verriet es nicht, und er wartete immer, bis alle Kinder nach Hause gegangen waren, bevor er seinen Drachen herunterholte. Jeden Tag brachte er Pirniplix Milch und Brot und einmal sogar eine Honigstulle, die hatte er von dem Sohn des Bäckermeisters für drei Murmeln eingetauscht, das einzige Spielzeug, das er besaß. Als aber Konrad sah, mit welcher Freude der kleine Drache in die Honigstulle biß, tat es ihm gar nicht mehr leid um die Murmeln.

So verging der Herbst. Die beiden wurden dicke Freunde. Pirniplix erzählte Konrad alle Drachengeschichten, die er kannte, und wie es im Wald und bei den großen Felsen aussah, dafür lehrte Konrad ihn lesen und schreiben und brachte auch mal ein Buch oder eine alte Zeitung mit, damit Pirniplix nicht soviel Langeweile haben sollte, während Konrad beim Kantor war oder der Großmutter half. So wurde Pirniplix einer der klügsten Drachen, die es jemals auf der Welt gegeben hat.

Eines Morgens wachte Pirniplix auf, weil er fror. Da sah er, daß es geschneit hatte. Sein heißer Atem hatte ringsum den Schnee aufgetaut, und er lag in einer großen Pfütze und war ganz naß geworden. An diesem Nachmittag kamen keine Kinder, und als Konrad endlich erschien, war er sehr traurig.

„Ich kann jetzt nicht mehr kommen und mit dir Drachen spielen“, sagte er, „es würde zu sehr auffallen. Außerdem würden dich die Erwachsenen bald entdecken“, und er zeigte auf die Spuren, die Pirniplix im Schnee hinterlassen hatte.

Pirniplix sah aber auch, daß Konrad gar jämmerlich zitterte vor Kälte, denn er hatte keine warmen Schuhe und nur eine dünne Strickjacke.

„Ja, jetzt müssen wir wohl Abschied nehmen“, sagte Pirniplix, und aus seinen veilchenblauen Augen rollten zwei große Tränen.

Konrad legte die Arme um den kleinen Drachen und drückte ihn.

„Geh schnell nach Hause und setze dich an den warmen Ofen“, sagte Pirniplix. „Vielleicht sehen wir uns im nächsten Frühjahr wieder.“

„Wir haben keinen warmen Ofen“, sagte Konrad. „Wir sind zu arm, um Holz und Kohlen zu kaufen, und der Ofen wird nur zu Weihnachten geheizt.“

„Prima“, sagte da Pirniplix. Konrad sah ihn ganz verwirrt an. Was sollte an einem kalten Ofen im Winter prima sein?

„Ich werde in den Ofen kriechen“, sagte Pirniplix. „Da ist es sicher ganz gemütlich für mich. Bestimmt riecht es schön nach Rauch. Und mit meinem Atem werde ich den Ofen wärmen, dann müßt ihr nicht mehr frieren.“

Der Vorschlag gefiel Konrad gut. Er wartete, bis die Großmutter am Abend zur Nachbarin gegangen war, dann holte er den kleinen Drachen und half ihm, sich in das Ofenloch zu zwängen.

„Nun, wie ist es darin?“ fragte Konrad, als Pirniplix endlich ganz im Ofen steckte.

„Ein wenig eng", sagte Pirniplix, „aber dafür riecht es sogar ein bißchen nach Schwefel."

Als die Großmutter nach Hause kam und die warme Stube entdeckte, schlug sie die Hände über dem Kopf zusammen.

„Ach, Junge", seufzte sie, „du weißt doch, daß wir zu arm sind, um jetzt schon den Ofen zu heizen."

„Ich habe gar nicht geheizt", sagte Konrad und schmunzelte, „und trotzdem wird der Ofen jetzt alle Tage warm sein."

Die Großmutter sah in das Ofenloch, und tatsächlich, sie konnte kein Feuer entdecken, nicht einmal ein winziges Stückchen Glut.

„Was du dir immer für Streiche ausdenkst", stöhnte sie, „du hast doch nicht etwa zaubern gelernt?"

Da erzählte ihr Konrad von Pirniplix und daß die Großmutter damals gar nicht geträumt, sondern wirklich und wahrhaftig einen richtigen Drachen gesehen hatte und daß sie beide die besten Freunde seien und Pirniplix versprochen habe, sich immer artig und ruhig zu verhalten. Und Pirniplix steckte seinen Kopf aus dem Ofenloch heraus, sah die Großmutter mit seinen veilchenblauen Augen an und sagte: „Das stimmt, und was ich verspreche, das halte ich auch, großes Ehrenwort."

Als die Großmutter die veilchenblauen Augen mit den zitronengelben Pünktchen sah, konnte sie den beiden nicht böse sein und sagte: „Also gut, bleibe bei uns. Ein Glas Milch will ich dir jeden Tag geben. Du mußt ja eine Belohnung dafür erhalten, daß du unseren Ofen so gut heizt und wir nicht länger frieren müssen, und ein Stück Brot wird sich auch noch für dich finden, und zu Weihnachten sollst du

Honigkuchen bekommen und eine ganze Schüssel voll angesengtes Korn."

Da leuchteten die Augen des kleinen Drachen, und er atmete ein paarmal ganz tief, der Ofen wurde so warm, daß beinahe die Kacheln geplatzt wären.

So blieb Pirniplix den ganzen Winter bei Konrad und seiner Großmutter. Die alte Frau schloß den kleinen Drachen bald in ihr Herz und erlaubte ihm, in der Stube zu sitzen und zu lesen. Nur wenn jemand zu Besuch kam, mußte er schnell in den Ofen kriechen. Und zum Heizen natürlich. Zu Weihnachten bekam Pirniplix einen großen Honigkuchen und eine Schüssel voll angesengtes Korn, und er sang so laut mit seiner krächzenden Stimme „O Tannenbaum, o Tannenbaum", daß die Großmutter schon Angst bekam, die Nachbarin würde etwas merken.

So lebten sie glücklich und zufrieden miteinander, und alles wäre gut gewesen, wenn Pirniplix nicht wieder angefangen hätte zu wachsen. Ende Januar paßte er schon gar nicht mehr in den Ofen und zwei Wochen später kaum noch in die Stube.

Da verabschiedeten sie sich schweren Herzens voneinander. Pirniplix weinte große Tränen und versprach, immer an Konrad und die Großmutter zu denken.

Sie warteten, bis es ganz dunkel geworden war, damit niemand Pirniplix sehen konnte. Der Drache flog noch eine Runde über der Stadt und winkte mit den Flügeln, dann verschwand er in der dunklen Nacht, und Konrad und seine Großmutter haben ihn nie mehr zu Gesicht bekommen. So erfuhren sie auch nicht, daß Pirniplix zum Großdrachen gewählt worden war, und das, obwohl er nur einen Kopf hatte und veilchenblaue Augen mit zitronengelben Pünktchen und nicht einmal Feuer spucken konnte. Dafür konnte er lesen und schreiben und hatte so viel gesehen und erfahren, daß er der klügste Drache im ganzen Land war.

Aber Konrad und seine Großmutter vergaßen den kleinen Drachen nicht. Sie sprachen oft von ihm, besonders an den langen Winterabenden, und wenn sie wieder einmal keine Kohlen und kein Holz für den Ofen hatten, rückten sie ganz eng aneinander, wickelten sich in eine Decke und wärmten sich gegenseitig, und die Großmutter seufzte: „Ach, wenn doch Pirniplix noch bei uns wäre!“, und Konrad sagte: „Was aus ihm bloß geworden sein mag?“

Als Konrad heiratete und einen Sohn bekam, nannte er ihn Pirniplix. Wenn jemand ihn fragte, warum er dem Kind einen so ausgefallenen Namen gegeben habe, zuckte er nur mit den Schultern und lachte, und die Großmutter machte ein ganz unschuldiges Gesicht, als könne sie es nicht verstehen. Und auch Konrads Frau tat, als wisse sie von nichts, dabei mußte Konrad ihr jeden Abend, wenn sie zu Bett gingen, eine der Drachengeschichten erzählen, die er von Pirniplix gehört hatte.

Die Wolke, die nicht regnen wollte

Es war einmal eine Wolke, die war sehr groß und sehr schön. Der Tag, an dem sie geboren wurde, war ein besonders heißer Sommertag. Die Sonne schickte schon früh am Morgen sengende Strahlen zur Erde, die huschten über den großen Ozean und streichelten die Wassertropfen, bis denen ganz warm ums Herz wurde und sie sich leicht und beschwingt fühlten und davonfliegen wollten. Und siehe da, kaum hatte ein Tropfen das gedacht, da erhob er sich auch schon in die Luft.

So flog ein Wassertropfen nach dem anderen zum Himmel hinauf, und es wurden immer mehr, so daß eine riesige Wolke entstand und alle Vögel, die sie erblickten, verwundert ausriefen: „Oh, was für eine große und schöne

Wolke ist das nur!“ Selbst die anderen Wolken riefen Ah! und Oh!, aber es war auch Neid in ihren Rufen, denn eine so große und so schöne Wolke war schon lange nicht mehr gesehen worden.

Als die Wolke hörte, wie sie bewundert und beneidet wurde, plusterte sie sich noch mehr auf, daß sie wie ein Riesengebirge aus wattigen Wolkenbergen aussah, und wurde ganz stolz auf sich. Sie spiegelte sich im Wasser und bewunderte ihre Schönheit, und als den jungen Wolken erklärt wurde, was sie zu tun hatten, hörte sie nicht zu, sondern machte Faxen. Sie ließ sich eine lange Nase wachsen, dann einen Elefantenrüssel, einen langen, spitzen Schnabel, ein berghohes Nashorn und Hasenohren, die weit in den Himmel ragten, und die Vögel, die vorbeikamen, machten Rast auf den Wellen und sahen dem Schauspiel zu und schnatterten laut Beifall. Da machte die Wolke sich eine Zipfelmütze und einen langen Bart und rief: „Jetzt bin ich der größte Zwerg der Welt!“ Danach verwandelte sie sich in ein Flugzeug, in einen Drachen mit sieben Köpfen und ein Segelschiff, und als sie gerade die Wolkensegel aufzog, kam ein Wind und schob sie davon. Das gefiel ihr. Sie rekelte sich in der Sonne und ließ sich über das Meer treiben, bis sie nach Afrika kam, dort, wo die dichten Urwälder stehen.

Obwohl hier an jedem Tag viele Wolken vorbeikommen, waren doch alle Menschen über ihre Größe und Schönheit verwundert, sie blieben stehen, warfen die Köpfe in den Nacken und zeigten einander die Wolke, und je mehr man sie bewunderte, desto stolzer und eingebildeter wurde sie.

Der Wind aber ächzte und stöhnte, und als die Wolke ihn fragte, warum er so stöhne, antwortete er: „Weil du so überaus groß bist. Noch nie habe ich soviel Kraft aufbringen müssen, um eine Wolke zu schieben, so alt ich auch schon bin."

Da machte die Wolke sich noch breiter und sagte selbstgefällig: „Müh dich nur, Alter, heute darfst du die größte und schönste Wolke schieben, die die Welt je gesehen hat." Und sie trieb den Wind an: „Schneller, schneller! Ich will hören, was man anderswo über meine Schönheit sagt. Alle Welt soll mich bewundern."

Sie ließen die Urwälder hinter sich und flogen über Felder und Dörfer und Städte und dann über die große Steppe, und da hierher schon viel seltener Wolken kamen, bewunderte man die Wolke nicht nur, sondern bat sie auch, sie möge es doch regnen lassen. Die Wolke aber tat so, als höre sie die Bitten nicht, und als der Wind sie darauf aufmerksam machte, erwiderte sie nur schnippisch: „Warum soll ich denn regnen?"

„Weil das deine Pflicht ist", sagte der Wind.

„Ich will aber nichts von meiner Schönheit und Größe abgeben", sagte die Wolke, „nein, ich will nicht regnen."

„Das mußt du aber", erwiderte der Wind, „dazu sind die Wolken nun einmal auf der Welt."

Die Wolke jedoch plusterte sich noch mehr auf und sagte: „Ach was, Alter, du willst es dir nur leichter machen, los, vorwärts, schneller, schneller!"

Je weiter sie nach Norden kamen, desto blasser wurde das Grün auf der Erde und um so dringender die Bitten der Menschen, die Wolke aber ließ es nicht regnen, sosehr man sie auch darum bitten mochte. Einmal kamen viele Kinder ihr entgegengerannt, sie winkten mit den Armen, jubelten und lachten, als die Wolke aber weiterzog, ohne auch nur einen einzigen Tropfen abzugeben, da weinten die Kinder,

und der Wind sagte böse: „Hörst du nicht, wie die Kinder weinen? Warum regnest du nicht?“

„Soll ich regnen, nur weil ein paar Kinder weinen?“ fragte die Wolke trotzig zurück. „Was geht mich das an?“

„Sie weinen, weil sie Hunger und Durst haben“, antwortete der Wind, „denn hier hat es schon lange nicht mehr geregnet, so daß die Brunnen leer und die Pflanzen ganz vertrocknet sind.“

Da wurde die Wolke nachdenklich, aber als sie sah, wie die Sonne gerade so schön über ihre siebenundzwanzig Wattebäuche leuchtete, dachte sie: Ach, soll das doch eine andere Wolke machen. Ich bin schließlich die schönste Wolke der Welt.

Dann tauchte unten auf der Erde ein gelber Fleck auf und wurde immer breiter und länger, bis er den ganzen Boden bedeckte, so weit man blicken konnte.

„Was ist das?“ fragte die Wolke.

„Das ist die Sahara“, antwortete der Wind, „die größte Wüste der Welt.“ Da streckte sich die Wolke und ließ sich lange Watteearme wachsen und winkte damit der Wüste zu. Als jedoch niemand zurückwinkte, sagte sie ganz enttäuscht: „Das müssen aber unhöfliche Leute sein, die hier wohnen. Warum grüßt mich denn niemand?“

„Weil hier niemand wohnt“, antwortete der Wind.

„Warum denn nicht?“ fragte die Wolke.

Der Wind wollte ihr schon erklären, warum das so ist, daß es in der Wüste fast nie regnet, weil die Wolken ihr Wasser zumeist schon vorher bei den Wäldern und Feldern und über der Steppe verregnen, da er sich aber die ganze Zeit über ihre Eitelkeit und Hochnäsigkeit geärgert hatte, sagte der Wind: „Das kommt daher, weil hierher seit langer Zeit nur solche eitlen und unnützen Wolken wie du gekommen sind, die ihre Pflicht nicht tun wollen, so ist der Boden ganz ausgetrocknet.“ Da trieb die Wolke den Wind an, er solle sie schnell weiterschieben, bis sie wieder auf Menschen träfen, die ihre Schönheit bewundern konnten, und sie ließ ihm keine Atempause, bis sie plötzlich an das Meer kamen und der Wind sich legte.

„Weiter“, rief die Wolke, „warum geht es nicht weiter?“

„Wir müssen warten“, antwortete der Wind. „Über dem Meer weht gerade ein Sturm, der ist stärker als ich, den müssen wir erst vorbeilassen.“

„Gut, dann verpuste dich einen Augenblick", sagte die Wolke und machte sich breit, daß sie den halben Himmel bedeckte und ihren Schatten über eine große Stadt und dreiunddreißig Dörfer warf.

Da kamen die Menschen aus ihren Häusern, in denen sie sich vor der sengenden Hitze verkrochen hatten, und jubelten der Wolke zu, als sie aber wieder nicht regnen wollte, fingen sie an, auf die Wolke zu schimpfen.

„Warum sind sie so böse?" fragte die Wolke.

„Weil du ihnen kein Wasser gibst", antwortete der Wind.

„Aber hier gibt es doch genug Wasser", sagte die Wolke.

„Du bist sehr dumm", erwiderte der Wind. „Das Wasser im Meer ist so salzig, daß Pflanzen und Tiere nur noch mehr Durst davon bekommen würden. Und wenn es nicht bald regnet, wird es nicht mehr lange dauern, und auch hier ist alles so tot wie in der Wüste Sahara. Schau nur hinunter. Siehst du, wie die Pflanzen die Köpfe hängenlassen? Wenn wir noch ein wenig warten müssen, kannst du mit eigenen Augen sehen, wie sie sterben."

Als die Wolke daran dachte, daß es hier bald so trostlos aussehen sollte wie in der Wüste Sahara, da wurde sie ganz traurig und fing an zu weinen, und als sie von der Erde viele Rufe hörte, dachte sie, es seien die Schreie der Blumen, die sterben mußten, und sie weinte noch mehr.

„Du bist also doch nicht so herzlos und schlecht, wie es den Anschein hatte", sagte der Wind, lächelte und zeigte zur Erde.

Und als die Wolke hinunterblickte, sah sie, wie die Menschen auf den Straßen tanzten und fröhlich waren und die Blumen die Köpfe reckten und die Bäume mit den Zweigen winkten.

„Warum sind sie so fröhlich?" fragte die Wolke. „Ich denke, sie müssen sterben?"

„Nun nicht mehr", antwortete der Wind, „denn du läßt es ja regnen."

„Ich regne doch nicht", erwiderte die Wolke, „ich weine."

„Das ist bei Wolken dasselbe", sagte der Wind. „Bist du jetzt fröhlich?"

„Warum sollte ich fröhlich sein", sagte die Wolke, „traurig bin ich."

„Ich denke, auch das ist bei Wolken dasselbe", sagte der Wind. „Wenn sie weinen, sind sie zugleich fröhlich, weil sie wissen, daß sie anderen Leben schenken, indem sie sterben."

„Muß ich denn jetzt sterben?" fragte die Wolke.

„Du mußt nicht", antwortete der Wind. „Wenn du zu weinen aufhörst, dann kannst du weiterleben."

„Aber dann müssen die Blumen sterben, nicht wahr?" fragte die Wolke.

„Ja", sagte der Wind, „das müssen sie dann."

Da wurde die Wolke noch trauriger und konnte sich gar nicht fassen und weinte so heftig, daß ein Platzregen herniederprasselte, und sie weinte und weinte, daß sie ganz klein wurde. Zugleich aber fühlte sie sich leicht und beschwingt und war sehr fröhlich und glücklich, denn sie hörte, wie von der Erde die schönsten Dankesworte zu ihr heraufdrangen und wie der Wind zu ihr sagte: „Jetzt bist du erst wirklich schön. Denn es gibt nichts Schöneres als eine regnende Wolke über dürstendem Land. Ich werde allüberall erzählen, wie schön du warst, als du den Menschen und Tieren und den Blumen und Bäumen hier dein Leben geschenkt hast." Und dabei streichelte er sie ganz sanft und zärtlich.

Der schnarchende Prinz

Es war einmal ein Prinz, der wuchs in einer einsamen Höhle mitten im Wald auf, dort, wo der Wald am dichtesten ist und die Bäume so eng beieinanderstehen, daß das Sonnenlicht nicht auf den Boden fallen kann und die Hirsche mit ihren Geweihen steckenbleiben.

Der junge Prinz hatte zeit seines Lebens nichts anderes gesehen als den Wald und keinen anderen Menschen als den alten Matthias, seinen treuen Wärter, der für ihn sorgte.

Eines Tages rief der alte Matthias den Prinzen zu sich und sprach: „Ich habe dir oft von der großen Welt erzählt, die draußen vor dem Wald beginnt. Und ich habe dir gesagt, daß wir eines Tages den Wald verlassen und in die Welt hinausziehen, aber ich merke, daß ich es nicht mehr erleben werde. So will ich dir denn nun die Wahrheit über dich sagen, denn ich bin alt und krank und muß sterben. Doch bevor ich sterbe, will ich dir noch verraten, wer du bist und warum wir beide mitten im finstersten Wald leben.“

Da setzte sich der Prinz zu dem getreuen Matthias, zuvor aber holte er ihm noch frisches Wasser von der Quelle, denn der alte Matthias war schon sehr schwach, und das Sprechen fiel ihm schwer.

„Ich habe dich die ganzen Jahre wie meinen eigenen Sohn gehalten“, begann der getreue Matthias, „und dich alles gelehrt, was ich wußte, du bist aber in Wirklichkeit ein Prinz, und dein Vater ist ein mächtiger König, der herrscht über ein großes Reich und lebt in einem prächtigen Schloß am Meer. Mich hat er mit dir hierhergeschickt, weil ein böser Fluch auf dir lastet, so daß du mit keinem Menschen länger als einen Tag unter einem Dach leben kannst.“

„Warum?“ fragte der Prinz. „Warum kann kein Mensch länger als einen Tag mit mir unter einem Dach leben? Bin ich denn so schrecklich anzusehen, oder habe ich gar den bösen Blick?“

„Nein“, erwiderte der getreue Matthias, „du hast nicht den bösen Blick, und du bist auch nicht schrecklich anzusehen, aber du schnarchst so grauslich, daß alle Menschen davon zu Tode erschrecken und alle Mauern erbeben und das Gebälk zerreißt.“ Er versuchte es dem Prinzen zu erklären, da der aber noch nie einen Menschen hatte schnarchen hören, konnte er nicht verstehen, was so Schreckliches an ihm war.

„Aber warum schnarche ich denn nun so schrecklich?“ fragte er.

„Dein Vater, der König, konnte nie richtig schlafen“, sagte der getreue Matthias. „Das kommt daher, daß ihn das schlechte Gewissen plagt. Er ist nämlich sehr habgierig und hat viele Menschen von Haus und Hof gejagt und ins Elend gestürzt. Außerdem ist er böse und ungerecht. Und je weniger er schlafen konnte, desto bösartiger wurde er. Da er aber nicht eingestehen wollte, daß es von seinem schlechten Gewissen kommt, hat er gedroht, jeden zeitlebens in den tiefsten Gefängniskeller sperren zu lassen, der des Nachts im Schloß auch nur einen Mucks von sich gibt. Und sein Kammerdiener mußte die ganze Nacht durch das Schloß schleichen und aufpassen.

Eines Nachts nun hat jemand im Schloß geschnarcht, und dein Vater, der König, hat befohlen, denjenigen sofort in den tiefsten Gefängniskeller zu sperren, wer es auch gewesen sei. Es war aber kein anderer als der Kammerdiener selbst, der bei seinem Rundgang durch das Schloß eingeschlafen war. In seiner Angst hat der Kammerdiener gesagt, es sei deine arme Mutter gewesen, denn er dachte, der König würde schon nicht seine eigene Frau einsperren lassen. Dein Vater aber hat keine Gnade gehabt und deine arme Mutter in den tiefsten Gefängniskeller werfen lassen, wo sie bald darauf elendig gestorben ist. An dem Tag jedoch, an dem sie starb, ist eine Fee gekommen und hat deinen Vater, den König, verflucht, daß er zeit seines Lebens keine einzige Minute mehr schlafen kann und daß sein Sohn, der Prinz, den er über alles liebte, so schrecklich schnarchen soll, daß kein Mensch es länger als einen Tag mit ihm unter einem Dach aushält. Und das so lange, bis der König seine Bösartigkeit aufgibt und öffentlich seine Reue kundtut. Dein Vater ist aber nur noch bösartiger geworden. Und als du wirklich von Stund an grauslich zu schnarchen begonnen hast, daß es kein Mensch aushalten konnte und daß sogar der Schloßturm, in dem du geschlafen hast, eingestürzt ist, hat er mich mit dir hierher in den tiefsten Wald geschickt."

„Gibt es denn keine Erlösung von diesem Fluch?" fragte der Prinz.

„Doch", antwortete der getreue Matthias, „du mußt einen Menschen finden, der drei Nächte hintereinander mit dir

unter einem Dach verbringt und morgens ehrlichen Herzens sagt, es sei eine schöne Nacht gewesen."

„Kannst du mir nicht helfen?" bat der Prinz. „Du hast doch all die Jahre mit mir hier im Walde zusammen gelebt."

„Ja", sagte der alte Matthias, „aber nicht unter einem Dach. Wenn du eingeschlafen warst, habe ich mich immer davongemacht. Ich habe oft versucht, bei dir zu schlafen, denn ich habe dich liebgewonnen wie meinen eigenen Sohn, aber es ist mir nicht gelungen. Du schnarchst gar zu schauerlich."

Kurz darauf starb der alte Matthias. Der junge Prinz hielt ihm die Totenwache, und am nächsten Morgen begrub er ihn unter der uralten Eiche mit dem doppelten Stamm, und die Vögel des Waldes sangen dazu.

Dann machte der Prinz sich auf den Weg. Es dauerte sieben Tage und sieben Nächte, bis er den Waldrand erreichte.

Als der Prinz zum erstenmal in seinem Leben die Sonne und den blauen Himmel und die weißen Wolken sah und seinen Blick über die Felder und Wiesen schweifen ließ, war er sehr glücklich und dachte: Die Welt ist schön.

Und als er in ein Dorf kam und die sauberen Häuser mit ihren roten Dächern sah und bunte Blumen in den Gärten und Pferde und Kühe in den Ställen, da sagte er sich: Hier möchte ich immer leben und glücklich sein. Ich werde schon jemand finden, der es drei Nächte mit mir aushält.

Jedermann, der ihm begegnete, war freundlich zu ihm, denn er war ein schöner junger Mann mit einem klugen und ehrlichen Gesicht. Und da er sogleich zupackte und den Bauern bei der Ernte half, gewährte man ihm gerne Gastfreundschaft. Am nächsten Morgen jedoch schickte man den jungen Prinzen wieder weiter, und so erging es ihm überall. Wohin er auch kam, er durfte nie länger bleiben als einen Tag und wurde noch in der Nacht davongejagt, denn sein Schnarchen war so schauerlich, daß alle Menschen im Umkreis zu Tode erschraken und das Vieh in den Ställen zu brüllen anfing und alle Mauern erzitterten.

So zog der Prinz von einem Ort zum anderen und konnte niemand finden, der es drei Tage mit ihm aushielt. Bald verbrachte er die Nächte nur noch im Freien, denn er hatte ein gutes Herz und mochte niemandem ein Leid antun, und es betrübte ihn, daß er andere so zu Tode erschreckte. Besonders traurig aber war er über seine Einsamkeit, vor allem, daß er keinen Freund auf der ganzen Welt hatte, denn wahre Freundschaft läßt sich nicht nur für einen Tag schließen.

Eines Abends schlug der Prinz sein Nachtlager auf einer Waldlichtung auf. Da es Herbst geworden war und schon bitter kalt, zündete er sich ein Feuer an. Plötzlich trat ein alter Soldat unter den Bäumen hervor und fragte, ob es gestattet sei, Platz zu nehmen und sich ein wenig zu wärmen.

Der Prinz lud den Soldaten ein und gab ihm von seinem Kaffee und von seinem Brot, dafür teilte der alte Soldat den letzten Schluck Rum aus seiner Feldflasche mit ihm. Dann erzählte er von den vielen Schlachten, an denen er teilgenommen, und den vielen Ländern, die er gesehen hatte.

„Du mußt ein mutiger Mann sein“, sagte der Prinz.

„Ja, das bin ich“, erwiderte der Soldat und strich seinen Schnurrbart, „und ich fürchte mich vor nichts auf dieser Welt, und wenn es des Teufels Großmutter wäre.“

Dann rollte er seine Decke aus und legte sich neben den Prinzen schlafen, und da er sehr müde war, schlief er ein, bevor er sich auch nur einmal umgedreht hatte.

Es dauerte aber nicht lange, da sprang der Soldat auf, stieß den Prinzen an und sagte: „Steh auf, ein Löwe ist in unserer Nähe.“

Sie durchsuchten den Wald, konnten aber keinen Löwen finden.

„Du hast geträumt“, sagte der Prinz. „Wie sollte auch ein Löwe hierherkommen?“ Und sie legten sich wieder hin.

Kurz darauf stieß der alte Soldat den Prinzen abermals an: „Steh auf, jetzt habe ich es ganz genau gehört. Es ist kein Löwe, sondern ein Drache.“

Sie durchsuchten wieder den Wald, konnten aber auch keinen Drachen finden.

„Du hast wieder nur geträumt“, sagte der Prinz. „Wie sollte auch ein Drache hierherkommen?“

„Wir werden umschichtig Wache halten“, sagte der Soldat. „Sicher ist sicher.“ Sie losten, und der Prinz hatte die erste Wache. Er setzte sich an das Feuer, wärmte sich die Hände über der Glut und bewachte den Schlaf des Soldaten. Sosehr er aber auch aufpaßte, er konnte nichts Ungewöhnliches bemerken. Als die halbe Nacht herum war, weckte er den Soldaten, damit er jetzt Wache halten sollte.

Der alte Soldat stopfte sich seine Pfeife, doch als er sie gerade anzünden wollte, ertönte ein solch mächtiger Lärm, daß ihm vor Schreck das Streichholz aus den Fingern fiel und ein Loch in seine Hose brannte. Der Soldat sprang auf und zog seinen Säbel, da merkte er, woher der grausliche Krach kam. Er schüttelte den Prinzen.

„Wach auf“, sagte er. „Ich weiß jetzt, wo das Ungeheuer ist, das solchen Lärm macht, daß es selbst mir altem Soldaten, der ich doch viele Schlachten erlebt habe, durch Mark und Bein geht.“

„Was ist es?“ fragte der Prinz und griff nach seinem Schwert. „Ist es doch ein Löwe oder ein Drache?“

„Nein“, sagte der Soldat, „das Ungeheuer bist du.“

Da wurde der Prinz ganz traurig und sagte: „Entschuldige bitte, ich habe nicht daran gedacht, es dir zu sagen, weil hier ja kein Dach ist als der Himmel mit seinen Sternen.“ Und er erzählte ihm von dem bösen Fluch, der auf ihm lastete.

„Das ist ein schreckliches Los“, sagte der Soldat. „Kann denn niemand und nichts dich erlösen?“

„Doch“, sagte der Prinz, „ich muß einen Menschen finden, der drei Nächte hintereinander mit mir unter einem Dach schläft und am Morgen mit ehrlichem Herzen sagt: Das war eine schöne Nacht. Sag mal, du bist doch ein tapferer Mann und hast viele Schlachten erlebt, willst du es nicht versuchen? Ich bin ein Prinz, und eines Tages werde ich König über ein großes Reich sein. Ich gebe dir mein halbes Königreich, wenn du mich von dem Fluch befreist.“

„Nicht für dein ganzes Königreich“, sagte der alte Soldat. „Ja, ich habe viele Schlachten erlebt, und ich fürchte mich nicht einmal vor des Teufels Großmutter. Doch du schnarchst gar zu grauslich.“

„Aber vielleicht kennst du irgendwo auf der Welt einen Menschen, der es drei Tage und Nächte mit mir aushalten könnte?“ fragte der Prinz. „Du bist doch weit herumgekommen.“

Der Soldat überlegte lange, dann sagte er: „Nein, ich kenne niemanden, aber wenn du mir sagst, wohin du jetzt gehst, will ich mich gerne umsehen, und wenn ich jemanden finde, der sich dein halbes Königreich verdienen will, werde ich ihn zu dir schicken.“

„Wie soll ich dir sagen, wohin ich gehe?“ sagte der Prinz

ganz traurig. „Ich finde keinen, der mich unter seinem Dach schlafen läßt, und ein eigenes Haus kann ich mir nicht kaufen, ich bin zu arm dazu."

„Wieviel Geld hast du denn?" fragte der Soldat.

„Drei Taler und sieben Groschen."

„Da kann ich dir helfen", sagte der Soldat. „Ich habe in der Stadt ein kleines Haus, das will ich dir vermieten. Ich brauche es jetzt nicht, denn ich will erst noch nach Afrika und mich dort umsehen. Wenn du mir drei Taler gibst, darfst du ein ganzes Jahr in meinem Haus wohnen, und in einem Jahr werden wir schon jemanden finden, der es drei Nächte mit dir aushält, zumal für ein halbes Königreich."

Der alte Soldat dachte aber vor allem daran, wie sehr das Schnarchen des Prinzen die Stadtbewohner erschrecken würde, und er war voller Schadenfreude, denn man hatte ihn vor vielen Jahren aus der Stadt verjagt, und das nur, weil er dem Lehrer einen Streich gespielt hatte.

Der Prinz gab dem Soldaten die drei Taler, ließ sich den Weg beschreiben und zog frohen Mutes davon.

Das Häuschen war alt und windschief, aber das störte den Prinzen nicht. Er dachte nur: Endlich habe ich ein Dach über dem Kopf und muß niemandem zur Last fallen. Hier kann ich wohnen und schlafen und Gäste einladen, und niemand kann mich am Morgen wieder davonschicken. Und da ich ein Dach über dem Kopf habe, will ich auch jemanden finden, der es drei Nächte mit mir aushält.

Er riß die Fenster des alten Häuschens auf, ließ Luft und Sonne herein, fegte den Staub zusammen, fing die Mäuse, die sich in der Küche eingenistet hatten, und war vergnügt und guter Dinge.

Die Nachbarn kamen herbei, um zu sehen, wer da so

fröhlich sang, und als sie den jungen Prinzen sahen, winkten sie ihm zu und grüßten freundlich, vor allem die jungen Mädchen, denn er war wirklich ein sehr schöner Prinz, und seine gute Laune machte ihn noch schöner.

Der Prinz war sehr glücklich. Jetzt hat alle Not ein Ende, dachte er. Als es Abend wurde, machte er einen langen Spaziergang durch die Straßen und ging auf der Stadtmauer einmal um die ganze Stadt herum und sah zu, wie ein Licht nach dem anderen hinter den Fenstern erlosch, und als das letzte Licht erloschen war, ging auch er zu Bett.

Es dauerte aber nicht lange, da begann er zu schnarchen, daß in der ganzen Stadt die Mauern erbebten und das Gebälk zu ächzen anhub und alle Bewohner wach wurden. Der Nachtwächter tutete ein über das andere Mal in sein Horn und schrie: „Feurio! Feurio!"

Der Schneidermeister rannte zum Kirchturm und läutete die Glocken, weil er dachte, ein Ungeheuer habe sich in die Stadt geschlichen und wolle alle mit Haut und Haaren verschlingen. Die ganze Stadt lief zusammen, denn alle wollten wissen, woher das grausliche Geräusch kam. Es war aber nur der arme Prinz, der friedlich in seinem Bett lag und schlief.

Die Feuerwehr war ausgerückt und rollte die Schläuche aus, die Stadtwache war aufgezogen und lud schon die Gewehre, und die Ratsherren beratschlagten, wie man wohl dem Ungeheuer zu Leibe rücken könnte, das da in dem kleinen windschiefen Häuschen solch einen Lärm machte. Da hielten die Mauern des alten Häuschens das Schnarchen nicht länger aus und stürzten ein, und das Dachgebälk begrub den Prinzen unter sich, so daß er Mühe hatte, wieder hervorzukriechen.

In der Aufregung achtete niemand auf ihn. Die Feuerwehr spritzte aus allen Rohren, die Stadtwache schoß drei Salven in die Trümmer, und die Einwohner rissen das Straßenpflaster auf und warfen die Steine gegen das Ungeheuer, das sie unter den Trümmern vermuteten, und es war ein Wunder, daß niemand ernstlich zu Schaden kam. Nur die Nachtmütze der Frau Bürgermeister bekam ein Loch von einer verirrten Kugel, und der Lehrer wurde ganz naß gespritzt, weil er sich zu weit vorgewagt hatte und plötzlich in den Strahl der dicken Feuerwehrspritze geriet. Der arme Prinz aber schlich sich unbemerkt davon, und er war trauriger als je zuvor in seinem Leben.

Von diesem Tag an versuchte er nie mehr, unter einem Dach zu schlafen. Wenn er durch ein Dorf kam, bat er um Arbeit, um sich Brot und Käse zu verdienen, am Abend aber zog er weiter und suchte sich irgendwo einen einsamen Platz, wo er niemanden mit seinem Schnarchen erschrecken konnte.

So zog er durch sieben Länder, durch den Winterwald und über die Eisgletscher der hohen Berge und schließlich sogar durch die Hungersteppe, und die meiste Zeit nährte er sich von Wurzeln und Gras, und des Nachts deckte er sich mit den Sternen zu.

Eines Tages kam er an den großen Ozean. Da entdeckte er bei Morgengrauen ein Mädchen, das ging durch die Wiesen und sammelte Tau von den Gräsern.

„Hallo, Mädchen“, rief der Prinz, „was machst du da?“

„Ich sammle Tau“, sagte das Mädchen, drehte sich aber nicht um.

„Und warum machst du das?“ fragte der Prinz und ging hinter ihr her. Da begann sie zu weinen. Er legte ihr den Arm um die Schulter und wollte sie trösten, aber sie lief davon und verbarg das Gesicht in den Händen und schluchzte: „Sieh mich nicht an.“

„Warum nicht?“ fragte der Prinz.

„Weil ich so häßlich bin, daß jedermann vor meinem Anblick erschrecken muß. Ja, früher, da war ich sehr schön, aber so eitel, daß ich nichts anderes tun wollte als den ganzen Tag vor dem Spiegel sitzen und meine Schönheit bewundern. So pflichtvergessen war ich, daß ich die Blumen nicht mehr gegossen habe und den Hühnern kein Futter gegeben und die Kühe nicht gemolken, und da bin ich zur Strafe so häßlich geworden. Deshalb lebe ich jetzt einsam in einer Höhle am Meer, und jeden Morgen sammle ich den Tau von den Gräsern, um ihn zu trinken und mich damit zu waschen, denn hier gibt es weit und breit nicht einmal einen Brunnen, so einsam ist es.“

„Auch ich bin einsam“, sagte der Prinz.

„Ach, wenn ich doch nicht so häßlich wäre“, sagte das Mädchen, „dann würde ich dich bitten, bei mir zu bleiben.“

„Deine Häßlichkeit schreckt mich nicht“, antwortete ihr der Prinz, sie aber schüttelte den Kopf und wollte schon wieder davonrennen.

„Und wenn ich immer einen Schritt hinter dir bleibe?“ sagte der Prinz. „Dann brauchst du keine Angst zu haben, daß du mich erschreckst.“

So blieben die beiden beieinander und waren froh, daß sie nicht mehr allein waren.

Wenn es Abend wurde, ging der Prinz in den Wald und legte sich unter einen Baum, und wenn er morgens zu der Höhle am Meer zurückkehrte, sammelte er Pilze und Beeren, und auf der Wiese pflückte er einen großen Blumenstrauß.

Eines Tages sagte das Mädchen: „Du mußt nicht im Wald schlafen. Du kannst bei mir in der Höhle schlafen. Du mußt mir nur versprechen, daß du mich nicht heimlich anschaust."

Der Prinz schüttelte traurig den Kopf und sagte: „Das geht nicht. Ich muß des Nachts in den Wald." Und als das Mädchen wissen wollte, warum, antwortete er nur: „Das ist mein Geheimnis", und ging davon. Sie aber folgte ihm heimlich. Ich muß doch wissen, was mit ihm los ist, dachte sie. Dann verlor sie ihn aber aus den Augen, und wie sie eine Weile im Wald umhergeirrt war, hörte sie einen so schrecklichen Lärm, daß sie vor Angst erzitterte und froh war, als sie wieder in ihrer Höhle eintraf.

Am nächsten Morgen fragte sie den Prinzen: „Weißt du, was das für ein schreckliches Ungeheuer war, das gestern nacht im Wald gebrüllt hat?"

Da erzählte ihr der Prinz von dem Fluch, der auf ihm lastete. Als er sich am Abend wieder verabschieden wollte, sagte sie: „Bleibe bei mir. Ich will versuchen, dich von deinem Fluch zu erlösen."

Der Prinz war darüber sehr froh, zugleich aber war er traurig, denn er sagte sich, daß auch das Mädchen es nicht mit ihm aushalten könnte. Und er hatte Angst, daß er sie so erschrecken würde, daß sie fortan nichts mehr mit ihm zu tun haben wollte. So schlug er es ihr ab. Aber sie bat ihn so inständig, daß er schließlich sagte: „Gut, aber wenn ich zu schnarchen anhebe, dann sollst du mich sogleich wecken, denn ich will nicht, daß du zu Tode erschrickst."

Sie versprach es ihm, und der Prinz legte sich neben sie und schlief ein.

Als er erwachte, war es heller Morgen, und das Mädchen hatte schon Tau gesammelt und bot ihm einen Becher davon als Morgentrunk.

„Habe ich auch nicht geschnarcht?“ fragte der Prinz.

„Es war eine schöne Nacht“, sagte das Mädchen und lächelte, aber das konnte der Prinz nicht sehen, weil sie ihr Gesicht vor ihm versteckte.

Der Prinz blieb auch die zweite und die dritte Nacht bei ihr, und jeden Morgen fragte er sie, ob er auch nicht geschnarcht hätte, und sie antwortete jedesmal: „Es war eine schöne Nacht.“

Am Morgen nach der vierten Nacht aber sagte sie: „Heute kann ich es dir gestehen. Du hast alle drei Nächte geschnarcht, aber die letzte Nacht nicht mehr, das heißt, daß du jetzt von dem Fluch erlöst bist und wieder unter die Menschen gehen kannst.“

Da sprang der Prinz auf, streckte die Arme vor Freude in die Luft und holte ganz tief Atem.

Im gleichen Augenblick ertönte ein solch gewaltiger Lärm, daß der Prinz vor Entsetzen den Mund aufriß und nach seinem Schwert griff.

„Ein Drache“, rief er, „versteck dich, ein Drache!“

Das Mädchen aber mußte lachen, daß es kaum noch Luft bekommen konnte.

„Warum lachst du?“ fragte der Prinz erstaunt.

„Über dich! Der Drache bist du selbst. Du hast nur dein eigenes Schnarchen gehört, das ist alles.“

Da war der Prinz erst recht erschrocken.

„Wie hast du das nur ausgehalten?“ fragte er.

„Es war gar nicht so schwer“, antwortete das Mädchen. „Jedesmal, wenn ich von deinem Schnarchen wach geworden bin, habe ich nur gedacht, daß ich jetzt nicht mehr allein bin, und das hat die Nacht schön gemacht."

Da sagte der Prinz: „Ich danke dir sehr, daß du mich von meinem Fluch befreit hast und ich jetzt unter den Menschen leben kann. Aber ich will nicht allein von hier gehen. Du sollst mit mir kommen, und eines Tages sollst du Königin in meinem Reich sein, wie häßlich du auch sein magst."

„Nein", sagte das Mädchen, „ich will nicht mit dir gehen, denn ich würde dich nur unglücklich machen."

„Dann will ich immer bei dir bleiben", sagte der Prinz, nahm sie in die Arme und küßte sie, und da war sie mit einem Schlag gar nicht mehr häßlich, sondern wunderschön.

Die beiden nahmen Abschied von der Höhle am Meer und gingen Hand in Hand, bis sie an das Königreich kamen, in dem der Vater des Prinzen regierte.

Der Prinz trat vor seinen Vater und sprach: „Höre, ich bin es, dein Sohn, und das hier ist das Mädchen, das mich von dem Fluch erlöst hat, der durch deine Schuld auf mir lastete. Ich will sie zur Frau nehmen, und sie soll mit mir regieren, und alle Menschen in unserem Reich sollen glücklich sein wie wir."

Der König aber rief die Palastwache und befahl, den Prinzen gefangenzunehmen und in das tiefste Burgverlies zu werfen.

Da zog der Prinz sein Schwert und rief: „Wer mir zu nahe kommt, ist des Todes!"

Die Wachen schlossen einen Kreis um den Prinzen und das Mädchen und legten die Lanzen an und kamen immer näher. Als die Lanzenspitzen kaum noch eine Handbreit von den beiden entfernt waren, streckte der Prinz seine Arme in die Höhe, holte tief Luft und ließ ein solch schreckliches

Schnarchen ertönen, daß die Palastwachen ihre Lanzen fallen ließen und Reißaus nahmen und der König sich flugs hinter seinem Thronsessel verkroch.

„Halt ein", jammerte er, „es soll alles geschehen, wie du es verlangst, wenn du nur aufhörst mit diesem grauslichen Lärm."

„Gut", sagte der Prinz, „und ich will nicht Böses mit Bösem vergelten. Du sollst trotz alledem bei uns auf dem Schloß wohnen dürfen, aber deine Zeit als König ist ein für allemal vorbei."

Und so geschah es.

Der Prinz und das Mädchen heirateten, und das ganze Land feierte mit ihnen drei Tage und drei Nächte, und wenn irgendwo einer anfing zu schnarchen, dann wurde der vor den König gebracht und bekam drei Taler geschenkt. Wen der alte König von seinem Haus vertrieben hatte, der bekam es jetzt zurück, und alle waren fröhlich und guter Dinge, am glücklichsten aber waren der junge König und seine Frau.

Und wenn sie nicht gestorben sind, dann leben sie noch heute.

Das fünfte Rad am Wagen

Es war einmal ein Rad, das hatte sich noch nicht ein einziges Mal gedreht, obwohl es schon weit herumgekommen war in der Welt.

Das kam daher, daß es ein Reserverad war, und zwar an einem schon etwas altmodischen Auto, auf das sein Besitzer aber sehr stolz war, denn er hatte mit ihm schon viele Länder besucht. Einmal war er sogar über das hohe Gebirge gefahren und ein andermal bis ans Schwarze Meer, und jeden Tag fuhr er damit zur Arbeit, in der einen Woche schon bei Morgengrauen, in der anderen mittags und in der dritten spät am Abend. In dem Werk, in dem er arbeitete, gab es nämlich sehr komplizierte und teure Maschinen, und die mußten Tag und Nacht beaufsichtigt werden. Am Wochenende aber fuhr er kreuz und quer durch das Land.

Auf einer seiner Reisen hatte er in einem kleinen Städtchen das Rad gekauft, das hatte dort schon viele Jahre gelegen, denn solche Autos gab es nicht mehr viele. Das Rad war froh, daß es endlich aus dem dunklen Laden herauskam, und es freute sich, daß es nun einen Platz an einem Auto finden sollte und sich drehen und drehen und über die Straßen laufen konnte. Dann aber hatte der Mann es nur auf die Kofferklappe des Autos geschraubt, und so fuhr es tagein, tagaus durch die Welt, ohne sich auch nur ein einziges Mal zu drehen. Zuerst war das Rad traurig gewesen, daß es noch immer nicht auf der Straße laufen durfte, dann aber hatte es sich mit seinem Platz hinten auf dem Auto abgefunden und freute sich, daß es jetzt die Sonne und ein Stück von der Welt sehen konnte, und es sagte sich, daß es gar nicht so schlecht war, so ein Faulenzerleben zu haben.

Mit der Zeit aber wurde es ihm arg langweilig, und es sehnte sich nach Arbeit. Manchmal wünschte es sich insgeheim sogar, einem der anderen Räder möchte doch eine klitzekleine Panne zustoßen, damit es endlich auf die Straße durfte, aber dann schämte es sich gleich, denn man soll niemandem etwas Böses wünschen.

Wenn das Auto in der Garage stand und die anderen Räder sich unterhielten oder mit den Zahnrädern vom Motor sprachen, oder wenn sich gar das Lenkrad einmal zu einer Plauderei herabließ, dann kam das Rad sich sehr überflüssig vor. Ein paarmal hatte es sogar heimlich geweint, so unnütz fühlte es sich.

Eines Tages, als das Auto an der Tankstelle stand und mit Benzin gefüttert wurde, hörte das Rad, wie der Mann zu dem Tankwart sagte: „– und hockt den ganzen Tag rum und tut nichts“, und etwas später sagte er: „– ist eben doch nur das fünfte Rad am Wagen“, und dabei machte er ein ganz böses Gesicht, und der Tankwart sagte: „Ja, das ist schlimm“, und dann spuckte er aus, und dabei sah er zu dem Rad herüber.

Als sie weiterfuhren, heulte das Rad sich erst einmal richtig aus, und das, obwohl sie durch reife Weizenfelder fuhren und am Wegrand Mohn und Kornblumen blühten und das Rad eigentlich sehr lustig hätte sein müssen, denn Weizengelb, Kornblumenblau und Mohnrot waren seine Lieblingsfarben. Das Rad aber wiederholte immer nur: „Das fünfte Rad am Wagen“, und es dachte: Ja, so ein überflüssiges Ding bist du.

Am Abend mochte es nicht einmal zuhören, wie die anderen Räder sich unterhielten, und es konnte auch nicht einschlafen. Als der Mann noch einmal in die Garage kam, weil er seine Tasche im Auto vergessen hatte, hörte er ein merkwürdiges Geräusch, und als er um das Auto herumging, um festzustellen, woher dieses Geräusch kam, entdeckte er, daß es das Rad war, das so komisch ächzte.

„Nanu, was ist denn hier los?“ fragte er. Und das Rad antwortete: „Ich bin traurig.“

„Warum bist du denn traurig?“ fragte der Mann.

„Weil ich ein so unnützes Ding bin“, antwortete das Rad. „Ich habe mich in meinem ganzen Leben noch nicht ein einziges Mal gedreht. Und heute hast du gesagt, ich bin das fünfte Rad am Wagen. Dabei möchte ich doch so gerne arbeiten.“

Da setzte sich der Mann auf die Stoßstange und legte seine Hand auf das Rad.

„Damit warst doch nicht du gemeint“, sagte er.

„Aber ich bin doch das fünfte Rad am Wagen“, sagte das Rad.

„Ja“, sagte der Mann und kratzte sich am Kopf, „das stimmt. Und es stimmt auch wieder nicht. Denn wenn man das sagt, meint man etwas Unnützes, du aber bist mir sehr nützlich.“

„Ach, du willst mich nur trösten“, sagte das Rad.

„Nein“, erwiderte der Mann, „ich bin wirklich sehr froh, daß ich dich gefunden habe. So weiß ich immer: Wenn einmal etwas passiert, dann bist du da. Das gibt mir Sicherheit, und ich fahre gleich viel ruhiger und besser. Und auch die anderen Räder wissen dich zu schätzen, denn sie wissen, daß jemand da ist, der sofort für sie einspringen kann.“

„Wirklich?“ fragte das Rad.

„Wirklich“, antwortete der Mann. „Paß mal auf, ich will dir etwas erzählen. In meiner Fabrik wird die Arbeit von großen

Maschinen gemacht, die heißen Automaten und sind so klug, daß sie auch schon alleine arbeiten können, wenn man ihnen sagt, was sie zu tun haben."

„Und das machst du?" fragte das Rad.

„Nein", sagte der Mann, „ich passe nur auf die Maschinen auf, vor allem aber bin ich dazu da, sie zu reparieren, wenn mal eine kaputtgeht."

„Und geht oft so eine Maschine kaputt?" fragte das Rad.

Da seufzte der Mann und schüttelte den Kopf.

„Nein", sagte er, „ganz selten. Ich frage mich jeden Tag, wenn wir zur Fabrik fahren: Ob wohl heute eine Maschine kaputtgeht? Manchmal habe ich sogar gedacht: Wenn doch einmal eine klitzekleine Panne passierte, damit ich zeigen kann, was ich gelernt habe."

„Das kenne ich", rief da das Rad, „ja, das kenne ich. Aber warum suchst du dir nicht eine andere Arbeit, wo du jeden Tag Maschinen reparieren darfst?"

„Weil ich dort gebraucht werde", sagte der Mann. „Weil die anderen sich auf mich verlassen, daß ich sofort komme und helfe, wenn mal etwas passiert." – „Dann bist du also auch so ein fünftes Rad am Wagen wie ich", sagte das Rad.

Da lachte der Mann und sagte: „Ja, so wie du, und unnütz sind wir beide nicht, das kannst du mir schon glauben."

„Aber manchmal ist es doch sehr langweilig, nur still dazusitzen und zu warten, bis man zeigen kann, was man gelernt hat", sagte das Rad und seufzte.

„Ja", antwortete der Mann, „manchmal schon."

Als er am nächsten Tag sein Auto aus der Garage holte, strich er erst einmal mit der Hand über das Rad, bevor er einstieg und den Motor anließ, und so machte er es jetzt jeden Tag.

Der pünktliche Florian

Es war einmal ein sehr kleiner Mann, der hieß Florian.

Jeden Morgen, jahrein, jahraus, ging der kleine Herr Florian durch die Krummestraße und die Breitestraße und durch die Langestraße bis zum Neuen Markt. Dort nahm er die Tüte, die er die ganze Zeit im rechten Arm getragen hatte und die so groß war, daß sie ihm vom Gürtel bis über die Schulter reichte, in den linken Arm, öffnete sie bedächtig und streute den Tauben buttergelbe und kaffeebraune Kuchenkrümel, so viele, daß man es sich nicht anders erklären konnte, als daß der kleine Herr Florian jeden Tag einen Riesenkuchen extra für die Tauben buk und zerkrümelte.

Die Tauben der ganzen Stadt versammelten sich des Morgens am Markt und warteten auf ihn, und wenn er dann kam, dann flatterten sie auf und flogen in einer dichten Wolke über seinem Kopf und riefen Ruckediguh, Rukkediguh, bis er ihnen seine Kuchenkrümel zuwarf, und die jungen Tauben hörten schon lange, bevor sie zum ersten Mal das Nest verlassen durften, von ihren Eltern die Geschichte vom kleinen Herrn Florian mit den Kuchenkrümeln. Ja, da es schon so lange geschah, wäre niemand verwundert gewesen, hätte eines Tages ein Taubenjunges, schon wenn es aus dem Ei schlüpfte, von dem kleinen Herrn Florian gewußt, so, wie die Tauben ja auch das Schnabelaufreißen und Schlucken und das Gurren nicht erst lernen müssen.

Das Ungewöhnlichste aber an dem kleinen Herrn Florian war seine Pünktlichkeit. Welche Jahreszeit und welches Wetter es auch sein mochte, er betrat jeden Tag haargenau zur gleichen Zeit die Krummestraße, und auf die Sekunde genau bog er dann in die Breitestraße ein und dann in die Langestraße, und genau sieben Minuten nach sieben Uhr erreichte er den Marktplatz, und wenn er sich einmal auch nur um ein Viertelminütchen verspätet hätte, dann wären die Tauben sicherlich aufgeregt umhergeflattert und die Langestraße hinuntergeflogen, um nach ihm Ausschau zu halten, oder gar bis in die Breitestraße, in die sich sonst nie eine Taube verirrt, weil dort die Autos in drei Reihen nebeneinander fahren und so gräßlich aus ihren Auspuffrohren qualmen und stinken, daß alle Vögel diese Straße meiden.

Weil der kleine Herr Florian so überaus pünktlich war, nannte man ihn nur den pünktlichen Florian, und die

Bewohner der Stadt stellten ihre Uhren nach ihm, und wenn einmal die Uhren nicht mit dem Rundfunk übereinstimmten, dann riefen sie beim Rundfunk an und beschwerten sich, daß im Radio eine falsche Zeit durchgesagt worden sei; denn daß der pünktliche Florian nicht auf die Sekunde genau ging, das konnte sich niemand vorstellen.

Eines Tages jedoch geschah das Unvorstellbare dennoch, und das kam so:

Der pünktliche Florian hatte, wie es seine Gewohnheit war, eine halbe Minute nach sieben an der Konditorei in der Langenstraße von der linken auf die rechte Straßenseite wechseln wollen, da kam ein Auto die Straße heruntergefahren, die eigentlich doch für alle Autos gesperrt war. Der Fahrer war fremd in der Stadt und hatte das Sperrschild übersehen, und er war völlig verwirrt, weil hier mitten in der Stadt eine ganze lange Straße ohne Autos war. Als nun noch ein kleiner alter Herr in einem mausgrauen Anzug und mit einem steifen, runden Hut auf dem Kopf und einer großen Tüte auf dem Arm plötzlich auf die Straße trat und statt sich umzusehen in den Himmel blinzelte und dabei ein Liedchen pfiff, da erschrak der Autofahrer, riß das Lenkrad herum und trat in seiner Verblüffung auf das Gaspedal statt auf die Bremse. Das Auto machte einen großen Satz, als wolle es sich auf den Kuchen in der Auslage stürzen, und fuhr in die Fensterscheibe der Konditorei, die mit einem mächtigen Knall zerplatzte und in tausend Scherben zersplitterte. Das große Tablett, auf dem ein Berg der feinsten Kekse kunstvoll aufgetürmt war, fiel um, und die Kekse purzelten über den Autokühler und die Stoßstange, Pfannkuchen kullerten über den rechten Scheinwerfer, und auf dem linken Scheinwerfer klebte eine

Buttercremetorte, auf der stand „Fröhliche Ostern", denn es war kurz vor Ostern, als dies geschah.

Die Verkäuferin schrie laut auf, daß die Leute zusammenliefen, Frau Himmelblau, die gerade Brötchen kaufen wollte, wurde kreidebleich, der Autofahrer aber war puterrot, und als er sein Auto endlich zum Stehen brachte, hielt es gerade vor dem Ladentisch, und ihm fiel nichts anderes ein, als seinen Hut zu ziehen und „guten Morgen" zu sagen.

Da kam auch schon der Polizist, das war ein sehr großer Mann, so groß, daß er sich bücken mußte, als er in den Laden trat, sonst hätte er sich den Kopf am Türrahmen gestoßen, und gleich hinter ihm kam der pünktliche Florian in den Laden, und das sah sehr komisch aus, denn er war so klein, daß er dem Polizisten gerade in die Hosentasche gucken konnte.

Der Polizist zog seinen Notizblock hervor, um alles aufzuschreiben, dabei sah er ein über das andere Mal auf den linken Autoscheinwerfer, auf dem jetzt „Fröhliche Ostern" stand, und das in gelber Buttercreme. Der Polizist ließ sich zuerst die Namen und Adressen aller Leute sagen, und das dauerte sehr lange, weil Frau Himmelblau vor Aufregung so stotterte, daß sie nicht einmal ihren Namen richtig herausbrachte und Kümmelblau sagte, und als sie sich verbessern wollte, sagte sie Mümmelbau und dann Himmelwau und Fimmelfrau und Schimmelklau.

Je länger es dauerte, desto unruhiger wurde der pünktliche Florian. Er zog seine Taschenuhr heraus, die hing an einer langen goldenen Kette und hatte alte, verschnörkelte Zahlen auf dem Zifferblatt, das merkwürdigste an ihr aber war, daß sie nicht zwei Zeiger hatte, wie die meisten Uhren, oder drei, sondern gleich fünf; einen für die Sekunden,

nditorei

einen für die Minuten und einen für die Stunden, der vierte aber zeigte den Tag an und der fünfte das Jahr. Schließlich fragte der pünktliche Florian den Polizisten, ob er nicht am Abend zur Polizeiwache kommen und dort seine Aussage machen könne, er habe es nämlich sehr, sehr eilig.

„Nein", sagte der Polizist freundlich, aber bestimmt und schüttelte den Kopf, und der pünktliche Florian sah ganz traurig zu ihm hinauf, und da er so klein und der Polizist so groß war, mußte der pünktliche Florian seinen Kopf ganz weit in den Nacken legen, um zu dem Polizisten hinaufzublicken. „Ordnung muß sein", sagte der Polizist, „das müssen Sie schon verstehen."

„Und ob ich das verstehe", sagte der pünktliche Florian und seufzte, „deshalb habe ich es ja so eilig." Dann winkte er dem Polizisten zu, und der beugte sich ganz tief herunter, daß der pünktliche Florian ihm ins Ohr flüstern konnte. Gerade in diesem Augenblick hatten die Tauben ihn entdeckt und flatterten mit lautem Ruckediguh, Ruckediguh vor der zersplitterten Schaufensterscheibe. So konnte niemand verstehen, was der pünktliche Florian dem Polizisten ins Ohr flüsterte.

„Ja, wenn es so ist", sagte der Polizist, richtete sich wieder auf, schlug die Hacken zusammen, streckte seine breite Brust heraus und legte die Hand zum Gruß an die Mütze. Der pünktliche Florian winkte ihm freundlich zu und ging hinaus, und alle machten ihm Platz. Die Tauben folgten ihm und flogen in einer dichten Wolke über seinem Kopf, und der pünktliche Florian wartete nicht, bis er den Marktplatz erreicht hatte, sondern warf den Tauben seine Kuchenkrümel schon zu, während er noch die Langestraße hinunterging.

Zu den Leuten, die dies alles beobachtet hatten, gehörte auch ein Junge, der war gerade auf dem Weg zur Schule und hatte sich in der Konditorei eine Zuckerschnecke kaufen wollen. Er ging in die zweite Klasse und hieß Hans-Joachim, aber da er einmal ein großer Entdecker und Forscher werden wollte, so wie Juri Gagarin, der als erster Mensch in den Weltraum geflogen war, oder wie Christoph Kolumbus, der Amerika entdeckt hat, und weil er immer von diesen beiden sprach, nannte man ihn nur Juribus, und darauf war er sehr stolz.

Juribus fand überall etwas zu entdecken. Und nicht selten vergaß er darüber alles andere und konnte an nichts anderes mehr denken als an das, was er gerade entdeckte. Deshalb kam er oft zu spät, sogar zur Schule, und dann nannte man ihn Bummelbus, und darüber war er sehr ärgerlich.

Was Juribus aber am allerwenigsten leiden mochte, noch weniger, als auf seine kleine Schwester aufzupassen oder den Mülleimer wegzubringen, das war: eine Frage, auf die er keine Antwort bekommen konnte. Wen er jedoch auch fragte, was der pünktliche Florian wohl dem Polizisten ins Ohr geflüstert haben mochte und warum der ihn so respektvoll gegrüßt hatte, Juribus bekam keine Antwort. Nicht einmal was der pünktliche Florian wohl den ganzen lieben Tag lang trieb, konnte jemand ihm sagen.

„Was soll er schon tun?“ sagte der Vater. „Er ist doch schon ein alter Mann. Ich glaube nicht, daß er noch arbeitet. Er wird spazierengehen und lesen und Kuchen für die Tauben backen.“

„Aber warum ist er dann so pünktlich?“ fragte Juribus. „Wenn er nicht mehr arbeitet, hat er doch Zeit?“

„Ach, du mit deiner ewigen Fragerei“, antwortete der

Vater unwillig. „Das ist doch unwichtig. Er ist eben pünktlich, basta!"

Auch die Mutter und die Großmutter wußten keine Antwort, auch nicht die Lehrer, und als Juribus den Polizisten fragte, lachte der nur und sagte: „Dienstgeheimnis."

Da beschloß Juribus, der Sache selbst auf die Spur zu kommen, schließlich wollte er ja Entdecker werden.

Am nächsten Morgen ging er schon früh auf die Straße und wartete auf den pünktlichen Florian. Der erwiderte freundlich seinen Gutenmorgengruß, als Juribus ihn aber fragte, was er dem Polizisten ins Ohr geflüstert habe und warum er immer so pünktlich sei, antwortete er: „Das kann ich dir leider nicht sagen. Das ist ein Geheimnis. Außerdem ist es eine lange Geschichte, und soviel Zeit, sie dir zu erzählen, habe ich nicht, ich muß nämlich pünktlich sein. Und du willst doch sicher auch nicht zu spät zur Schule kommen, oder?"

„Nein", antwortete Juribus, dabei war es ihm in diesem Augenblick ganz egal, ob er pünktlich zur Schule kam, wenn er nur das Geheimnis des pünktlichen Florian erfahren konnte. Der aber sagte nur freundlich: „Auf Wiedersehen", warf die letzten Krümel aus seiner Tüte den Tauben hin und verschwand im U-Bahn-Eingang neben dem Rathaus.

Von diesem Tag an beobachtete Juribus jeden Morgen den pünktlichen Florian, aber er konnte und konnte nicht dahinterkommen, wohin der vom Neuen Markt aus fuhr. Sooft Juribus ihm auch in die U-Bahn nachschlich, jedesmal verlor er ihn im Gedränge des morgendlichen Verkehrs aus den Augen. Einmal glaubte er, den richtigen Zug erwischt zu haben. Er stieg in den nächsten Wagen ein, damit der pünktliche Florian ihn nicht entdecken sollte, und paßte

genau auf, wer an den Bahnhöfen ausstieg, trotzdem war ihm der pünktliche Florian am Ende entwischt, und Juribus kam wieder einmal zu spät zur Schule. Der Lehrer war sehr verärgert und schrieb eine Nachricht für Juribus' Eltern. Als Juribus sie der Mutter zur Unterschrift gab, stöhnte die nur und sagte: „Ach, Junge, wenn du bloß nicht so unzuverlässig wärst! Du wirst dich mit deiner Bummelei noch einmal ins Unglück stürzen."

Als Juribus am nächsten Mittag nach Hause kam, sah er, wie Frau Breuselmann, die Hauswartsfrau, den alten Laden ausfegte, der schon seit Monaten leer stand.

„Wird hier wieder ein Geschäft aufgemacht", fragte Juribus, „vielleicht sogar ein Spielzeugladen?"

„Nein", antwortete Frau Breuselmann, „hier sollen ab

nächste Woche Möbel gelagert werden. Deshalb mache ich sauber."

Da hatte Juribus eine Idee. Er half Frau Breuselmann, zum Schluß trug er ihr Eimer und Besen in die Wohnung, und während sie einen Bonbon holte, steckte Juribus den Ladenschlüssel in die Tasche.

Am nächsten Morgen stand er besonders schnell auf und trödelte auch nicht ein ganz kleines bißchen beim Waschen und Zähneputzen, so daß sich seine Mutter schon wunderte. Er räumte sogar freiwillig den Frühstückstisch ab. Dann ging er hinunter, schloß den Laden auf, legte seine Schulmappe in die Ecke, steckte den Schlüssel von innen ins Schloß und wartete.

Als der pünktliche Florian an dem Laden vorüberkam, rief Juribus: „Hilfe! Hilfe!"

Florian steckte auch prompt seinen Kopf durch den Türspalt.

Juribus rief noch einmal: „Hilfe! Hilfe!"

Es war sehr dunkel in dem Raum, denn der Rolladen vor dem großen Ladenfenster war heruntergelassen, so trat der pünktliche Florian in den Laden, um nachzusehen. Da warf Juribus die Tür zu, und dabei stieß er den pünktlichen Florian so heftig an, daß der zu Boden fiel.

„Du hast dir hoffentlich nicht weh getan?" fragte Juribus besorgt.

„Nein", antwortete der pünktliche Florian, „aber nun laß mich hinaus, dann will ich auch niemandem von deinem Streich erzählen." Er stand auf, klopfte sich die Hose ab, setzte seinen runden, steifen Hut wieder auf und griff nach seiner Tüte. Juribus aber schloß schnell ab, nahm den Schlüssel in die Faust und stellte sich breitbeinig vor die Tür.

„Mach keinen Unsinn", sagte der pünktliche Florian. „Du weißt, ich muß pünktlich sein." Dabei machte er ein ganz ernstes Erwachsenengesicht. Juribus mußte lachen. Er fühlte sich sehr stark, denn der pünktliche Florian reichte ihm gerade bis an die Schulter. „Warum mußt du denn pünktlich sein?" fragte er. „Und was für ein Unglück soll es denn geben, wenn ich dich nicht hinauslasse?"

„Das ist mein Geheimnis", sagte der pünktliche Florian, „das kann ich dir nicht verraten."

„Dann wirst du eben heute einmal nicht pünktlich sein", sagte Juribus und setzte sich. „Ich habe Zeit. Die erste Schulstunde fällt aus. Unser Mathe-Lehrer ist krank."

„Mach keinen Unsinn", sagte der pünktliche Florian noch einmal, „du weißt doch, alle Erwachsenen müssen pünktlich sein."

„Nein, nicht alle“, antwortete Juribus. „Meine Großmutter zum Beispiel ist nie pünktlich. Aber die ist auch schon viel zu alt, um noch zu arbeiten. Und du bist doch noch viel, viel älter, nicht wahr?“

„Das kann schon sein“, antwortete der pünktliche Florian und lächelte. „Trotzdem muß ich sehr, sehr pünktlich sein.“

„Arbeitest du vielleicht bei der Eisenbahn?“ fragte Juribus.

„Nein“, antwortete der pünktliche Florian, „bei der Eisenbahn arbeite ich nicht.“

„Oder vielleicht bei den Fliegern?“ fragte Juribus. Florian schüttelte den Kopf.

„Oder gar bei den Raketen und Raumschiffen?“ fragte Juribus. Florian schüttelte wieder den Kopf.

„Dann kann es auch nicht wichtig sein, ob du pünktlich bist“, sagte Juribus. „Überhaupt glaube ich dir nicht, daß es wichtig ist, ob du pünktlich bist. Du willst dich nur wichtig machen.“

„Wenn ich nun aber ein Arzt bin und im Krankenhaus viele Kranke auf mich warten?“ fragte der pünktliche Florian. „Oder Tierwärter im Zoo, und die Tiere warten darauf, daß ich ihnen ihr Futter gebe, oder wenn ich ein Lehrer bin und die Schüler auf mich warten?“

„Die würden sich nur freuen, wenn der Lehrer zu spät kommt“, sagte Juribus. „Bist du ein Lehrer? Oder Arzt? Oder gar Tierwärter?“

Der pünktliche Florian zog seine Uhr und machte ein besorgtes Gesicht.

„Die Tauben werden schon unruhig sein“, sagte er.

„Ach, laß doch die dummen Tauben“, erwiderte Juribus.

„Ob die nun ihr Futter ein bißchen früher oder später bekommen, das ist doch egal."

„Nein", sagte der pünktliche Florian, „das ist nicht egal. Man soll niemanden enttäuschen, der sich auf einen verläßt, nicht einmal Tauben. Ich kann nichts weniger leiden als Unpünktlichkeit und Unzuverlässigkeit." Er steckte seine Uhr wieder ein. „Laß mich endlich hinaus", sagte er, „sonst geschieht wirklich ein Unglück." Und er versuchte, Juribus in die Hosentasche zu greifen, aber Juribus stieß ihn zurück.

„Du siehst", sagte er, „es hat keinen Sinn, du mußt mir schon dein Geheimnis verraten."

„Ja", sagte der pünktliche Florian, „das muß ich dann wohl. Versprich mir aber, daß du es niemand anderem verrätst."

Juribus gab ihm sein großes Ehrenwort darauf.

„Nun, was ist dein Geheimnis? Warum mußt du so pünktlich sein?"

„Also gut", sagte der pünktliche Florian, „ich bin der Mann, der die Erde dreht."

„Wer bist du?" fragte Juribus ganz erstaunt.

„Der Mann, der die Erde dreht. Du weißt doch sicher schon, daß die Erde eine Kugel ist und sich jeden Tag einmal dreht?"

„Na klar", antwortete Juribus. „Wenn die Erde sich nicht drehen würde, dann schiene ja die Sonne immer auf die gleiche Seite, und da wäre immer Tag und auf der anderen Seite immer Nacht."

„Dann weißt du vielleicht auch schon, warum es Frühling und Sommer und Herbst und Winter gibt?"

„Na klar", antwortete Juribus wieder. „Weil die Erdkugel

nicht ganz gerade steht, sondern ein bißchen schief, so daß die Sonne das halbe Jahr mehr auf die obere Hälfte und das andere halbe Jahr mehr auf die untere Hälfte der Erde scheint, und wo sie gerade mehr hinscheint, da ist Sommer."

„Du bist wirklich schon sehr klug für dein Alter", lobte der pünktliche Florian.

„Ich will ja auch mal Entdecker werden", sagte Juribus, „so wie Christoph Kolumbus oder Juri Gagarin. Du weißt doch hoffentlich, wer das war?"

„Natürlich", sagte der pünktliche Florian. „Natürlich weiß ich das. Aber weißt du auch, was passiert, wenn die Erde sich nicht ganz, ganz genau dreht?"

„Nein", sagte Juribus, „was denn?"

„Dann ist in dem einen Land der Tag zu kurz und in dem anderen Land die Nacht zu lang, und die Zeit geht falsch, und alles kommt durcheinander."

„Auweia", sagte Juribus und kratzte sich am Kopf.

„Und weißt du auch, was passiert, wenn die Erde nicht richtig schief steht?" fragte der pünktliche Florian.

„Nein", antwortete Juribus. „Dann", sagte Florian, „kann es hier im Norden, wo wir wohnen, so kalt werden, daß das Meer zufriert und große Eisberge wachsen, die das ganze Land unter sich begraben. Du siehst, es ist sehr wichtig, daß die Erde richtig schief steht, daß sie sich ganz genau dreht."

„Und das machst du?" fragte Juribus mißtrauisch und zeigte auf die kleinen Hände des pünktlichen Florian. „Das glaub ich nicht. Dazu bist du doch viel zu schwach."

„Na ja, ich wäre schon zu schwach, um die Erde mit der Hand zu drehen", sagte der pünktliche Florian, „das geschieht von ganz alleine ..."

„Wie ein Automat?" unterbrach ihn Juribus, denn von den Maschinen, die ganz genau und ganz allein arbeiten, hatte ihm schon sein Vater erzählt.

Der pünktliche Florian lächelte.

„Ja", sagte er, „wie ein Automat."

„Dann mußt du vielleicht auf den Automaten aufpassen, der die Erde dreht?" fragte Juribus, und er stellte sich vor, daß in der Erdkugel eine riesige Maschine war, die die Erde drehte, und ein großes Schaltpult mit vielen Hebeln und Knöpfen und Uhren und Lichtern, so, wie er es bei seinem Vater in der Fabrik gesehen hatte, und er stellte sich vor, wie der pünktliche Florian an diesem großen Schaltpult saß und aufpaßte, daß sich die Erde richtig dreht und auch richtig schief steht.

Er sah ihn ganz ehrfurchtsvoll an, denn Juribus wußte von seinem Vater, was für eine verantwortungsvolle Arbeit es war, auf so komplizierte und wertvolle Maschinen aufzupassen.

„Nun laß mich schnell hinaus", sagte der pünktliche Florian, „sonst geschieht wirklich noch ein Unglück."

Juribus schloß schnell den Laden auf, denn er wollte nicht schuld sein, daß die Zeit durcheinanderkam oder daß das Meer zufror und Eisberge wuchsen. Er half dem pünktlichen Florian, die Kuchenkrümel in die Tüte zu sammeln, und zog ihn hinaus, so schnell, daß der ihm kaum folgen konnte.

„Jetzt habe ich gar keine Zeit mehr, die Tauben zu füttern", sagte der pünktliche Florian, „willst du das für mich tun?"

„Ja, gerne", antwortete Juribus, nahm die Tüte und rannte, so schnell er konnte, zum Marktplatz, wo die Tauben schon aufgeregt umherflatterten, denn es war nun schon das zweite Mal, daß der pünktliche Florian nicht pünktlich war. Der pünktliche Florian rannte immer hinter ihm her.

„Hoffentlich kommst du nicht zu spät", sagte Juribus.

„Ich werde es gerade noch schaffen, wenn ich mich beeile", antwortete der pünktliche Florian, und Juribus lachte ihm erleichtert zu. Als er aber den pünktlichen Florian so sah, kamen ihm doch Zweifel, daß dieser kleine, alte Mann in dem mausgrauen Anzug und mit dem runden, steifen Hut auf dem Kopf derjenige sein sollte, der die Erde dreht.

„Sag mal, stimmt das auch, was du mir erzählt hast?" fragte er ihn.

„Gibt es Tag und Nacht?" fragte der pünktliche Florian zurück.

„Ja", antwortete Juribus.

„Na, also", rief der pünktliche Florian, „also muß sich die Erde doch drehen, oder? Und gibt es Frühling und Sommer und Herbst und Winter?"

„Ja", antwortete Juribus wieder. „Aber bist du wirklich der Mann, der die Erde dreht?"

Der pünktliche Florian zuckte mit den Schultern und lächelte.

„Du wirst es schon entdecken", rief er, da war er fast an dem U-Bahn-Eingang neben dem Rathaus.

„Ja, das werde ich", rief Juribus ihm nach, „denn ich werde ja ein Entdecker, so wie Christoph Kolumbus oder wie Juri Gagarin." In diesem Augenblick stürzten sich die Tauben auf ihn, und bei ihrem lauten Ruckediguh, Ruckediguh konnte er nicht verstehen, was der pünktliche Florian ihm noch zurief.

Als Juribus gerade die Schule betreten wollte, schien es ihm, als ob die Erde einen kleinen Ruck machte, und er dachte: Nun ist der pünktliche Florian angekommen. Er war froh, daß er mit seinem Streich nicht die Zeit durcheinandergebracht oder gar eine neue Eiszeit ausgelöst hatte.

Am Nachmittag ging er an den Bücherschrank seines Vaters und holte sich ein paar dicke Bücher heraus und las alles, was er finden konnte, über die Erde und die Sonne und die Zeit, und je länger er las, desto länger wurde sein Gesicht.

Am nächsten Morgen wartete er wieder auf den pünktlichen Florian.

„Du hast gelogen“, sagte er wütend. „Ich habe alles nachgelesen. Die Erde dreht sich von ganz alleine. Da gibt es gar keinen Automaten. Im Gegenteil, im Innern der Erde ist es so heiß, daß es kein Mensch aushalten könnte!“

„Ja, das stimmt“, sagte der pünktliche Florian, „da hast du eine richtige Entdeckung gemacht. Und hast du noch etwas entdeckt?“

„Ja, daß du ein böser Lügner bist“, sagte Juribus.

„Ich meinte“, entgegnete der pünktliche Florian ruhig, „ob du auch entdeckt hast, daß es nicht viel wert ist, wenn man versucht, einem anderen sein Geheimnis mit Gewalt zu entreißen. Man kann nämlich nie sicher sein, ob der wirklich die Wahrheit gesagt hat. Und noch ein drittes kannst du hieraus lernen.“

„Daß man gar nicht erst versuchen soll, etwas zu entdecken?“ fragte Juribus traurig.

„Nein!“ rief der pünktliche Florian. „Das wäre ganz verkehrt. Aber daß man niemand daran hindern darf, pünktlich und zuverlässig zu sein. Auch nicht sich selbst.“ Und dabei lächelte er, nahm seine Tüte und hielt sie Juribus hin. „Willst du mir nicht tragen helfen? Sie wird mir heute recht schwer.“

Juribus war ganz verdutzt. Er nahm die Tüte, und so gingen sie zum Neuen Markt und fütterten die Tauben.

„Warum bist du nun wirklich so pünktlich?" fragte Juribus, als sie sich verabschiedeten. „Weil es mir Spaß macht", antwortete der pünktliche Florian, „daß sich viele Menschen überall in der Stadt auf mich verlassen, obwohl ich doch schon recht alt bin. Weil es ein schönes Gefühl ist, zuverlässig zu sein. Und weil es mich glücklich macht, wenn ich höre, daß jemand sagt: Da kommt der pünktliche Florian."

Von diesem Tag an wartete Juribus jeden Morgen auf den pünktlichen Florian und half ihm, die Tüte zu tragen und die Tauben zu füttern, und der pünktliche Florian erzählte ihm jeden Morgen eine neue Geschichte. Und weil er so jeden Tag pünktlich zur Schule kam und weil er es lernte, zuverlässig zu sein und trotzdem Zeit für Entdeckungen zu finden, schimpfte ihn niemand mehr Bummelbus.

Ja, als sie eines Morgens wieder zum Neuen Markt gingen, hörte Juribus, wie eine Frau einem Fremden erklärte: „Das da? Das sind Florian und Floribus, die beiden Pünktlichen." Und da war er sehr glücklich und sehr stolz.

Die Schönste im Land

Es war einmal ein kleines Land, das lag hoch oben in den Bergen, dort, wo die Berge in den Himmel zu wachsen scheinen.

Es war ein sehr schönes und reiches Land. Inmitten des zerklüfteten Gebirges gab es viele Seen und Flüsse und weite Täler mit saftigem Gras und eine Hochebene, auf der das Korn gut gedieh. Auf den Gebirgswiesen grasten große Herden von Schafen, die nannte man Seidenschafe, weil ihre Wolle so fein wie Seide war. Auch wurde in den Bergen vielerlei Erz gefunden, darunter Silber und Gold, und sogar Edelsteine. Der größte Reichtum des Landes aber war die Geschicklichkeit seiner Bewohner, denn sie verstanden sich auf das Spinnen der feinsten Garne und das Weben der schönsten Stoffe und das Schneidern der herrlichsten Kleider, und das hatte das Land über die ganze Erde berühmt gemacht.

Obwohl es also ein reiches Land war, hatte sich der König des kleinen Landes doch einem anderen untertan erklären müssen. Das kleine Land wurde nämlich auf drei Seiten von einem großen Land eingeschlossen. An der vierten Seite aber waren die Berge so hoch, daß man sie nicht überqueren konnte. Wer das kleine Land betreten oder verlassen wollte, der mußte schon durch das große Land reisen.

Weil das eine Land so groß und das andere so klein war, nannte man sie nur das kleine und das große Land, vor allem aber, weil die beiden Länder sehr lange und schwer auszusprechende Namen hatten, an denen man sich die Zunge zerbrechen konnte. Das große Land hieß nämlich Polyplumpalapimpalapompalaponesien, und das kleine Land hieß Minimomanamumenemipotanien.

Die Könige nannte man nach ihren Reichen nur den großen und den kleinen König, obwohl in Wirklichkeit der kleine König ein großer, stattlicher Mann mit einem prächtigen Schnurrbart war, der große König aber ein kleiner, säbelbeiniger, glatzköpfiger Griesgram, und daß ihm kein einziges Barthaar wuchs, ärgerte ihn fast noch mehr, als daß ihm nicht einfiel, wie er das kleine Land in seine Gewalt bringen konnte.

Das war nämlich gar nicht so einfach. Die wenigen Straßen in das kleine Land führten durch enge Täler und wurden von den Soldaten des kleinen Königs gut bewacht. Eine einzige Kanone konnte den Weg versperren, und die Kanonen des kleinen Landes waren in aller Welt berühmt.

Auch wollte dem großen König kein Vorwand einfallen, warum er das kleine Land überfallen könnte, denn der kleine König zahlte pünktlich seine Steuern. Und es ohne einen Vorwand zu überfallen, traute sich der große König nicht. Dann wären nämlich all die anderen Länder, die mit dem kleinen Land Handel trieben, böse geworden, und ein so mächtiger König, daß er sich das leisten konnte, war der große König nun auch wieder nicht.

Eines Tages, als er wieder auf seinem Thron saß und grübelte, wie er sich das kleine Land einverleiben könnte, sagte sein Hofnarr zu ihm: „Warum, großer König, verheiratet Ihr nicht Eure Tochter, die große Prinzessin, mit dem kleinen König?"

Der Hofnarr hatte nur einen Witz machen wollen, um seinen Herrscher aufzuheitern, denn die Prinzessin war zwar über alle Maßen schön, aber sie war so dumm, daß sogar ihr Vater immer wieder darüber stöhnte. Und daß der kleine König, der ein kluger und gelehrter Mann war, eine so dumme Prinzessin zur Frau nehmen sollte, war wirklich zum Lachen.

Der große König aber war begeistert. Er sprang vom Thron und klatschte in die Hände und ließ dabei sogar sein Zepter fallen, das er sonst ganz fest hielt, damit es ihm niemand wegnahm, denn er hatte fortwährend Angst, daß jemand ihn bestehlen wollte.

„Das ist eine gute Idee", sagte er, „die ist einen Taler Belohnung wert." Dabei griff er in seinen Geldbeutel, um einen Taler hervorzuholen. Das tat ihm aber schon leid, bevor er ihn noch in der Hand hatte, denn er war nicht nur habgierig, sondern auch geizig. Da er es aber versprochen hatte, so nahm er wenigstens einen alten und ganz abgeschabten Taler. Dann ging er aufgeregt hin und her und wäre dabei fast über das Zepter gefallen.

„Ja, das ist eine gute Idee", sagte er. „Da der kleine König sich mir zum Untertan erklärt hat, kann ich bestimmen, daß er heiraten muß. Ich werde ihm eine Botschaft schicken und verlangen, daß er sich endlich eine Frau nimmt und Kinder bekommt, damit sein Reich nicht ohne Erben bleibt."

„Aber er wird keine Kinder mehr bekommen", sagte der Hofnarr, „er ist doch schon recht alt."

„Das hoffe ich ja", sagte der große König und lachte böse. „Dann gehört das Reich nach seinem Tode meiner Tochter. Das heißt, es gehört mir, denn meine Tochter ist so dumm, daß sie nicht einmal eine Puppenstube regieren könnte, geschweige denn ein Königreich."

„Wenn der kleine König aber eine andere zur Frau nehmen will?" fragte der Hofnarr.

„Ich werde ihm schreiben, daß nur die Schönste weit und breit würdig ist, seine Frau zu werden", sagte der König, „und das ist meine Tochter."

Da mußte der Hofnarr lachen, denn der große König war nicht viel klüger als seine Tochter und konnte gar nicht schreiben, so daß er alles von seinem Hofgelehrten schreiben lassen mußte.

„Warum lachst du?" fragte der große König.

„Ach, ich habe nur daran gedacht, was für ein dummes Gesicht der König bei dem Schreiben machen wird", sagte der Hofnarr.

Der große König dachte, der Hofnarr meine das Gesicht, das der kleine König machen würde, wenn er die Botschaft bekam, und lachte mit und wußte gar nicht, daß er über seine eigene Dummheit lachte.

„Wenn er nun aber die Prinzessin doch nicht zur Frau nehmen will?“ fragte der Hofnarr.

„Dann hat er mich beleidigt“, sagte der große König und schnitt ein bitterböses Gesicht. „Und dann werde ich, dann werde ich, dann werde ich –.“ Weiter kam der König nicht, denn ihm fiel nichts ein, was er dann tun werde.

„Wirst du dann sein Reich erobern?“ fragte der Hofnarr.

„Du bist ein Narr“, sagte der große König, „sonst wüßtest du, daß das unmöglich ist, weil die Straßen, die in das kleine Land führen, so eng sind, daß nur wenige Soldaten mit einer einzigen Kanone sie sperren können.“

„Aber wenn die Straßen so eng sind“, sagte der Hofnarr, „dann könnt Ihr sie doch auch sperren lassen.“

„Ja, das ist eine gute Idee“, sagte der große König, „die ist einen Taler Belohnung wert", und er wollte schon wieder in seinen Geldbeutel greifen. Dann zog er aber seine Hand schnell wieder zurück, denn ihm war eingefallen, daß es gar keine neue Idee war. Nur deshalb hatte sich ja der kleine König ihm untertan erklärt. Der Hofnarr aber schlug schnell einen Purzelbaum, damit der große König nicht merkte, daß er sich ärgerte, weil es ihm diesmal nicht gelungen war, dem König einen Taler abzuluchsen.

Der große König ließ seinen Hofgelehrten rufen, damit der ihm die Botschaft an den kleinen König schreiben sollte. Und da es eine Staatsbotschaft war, schrieb der Gelehrte die Länder mit ihren richtigen Namen. Es stand also geschrieben, daß der König von Polyplumpalapimpalapompalaponesien dem König von Minimomanamumenemipotanien seinen Gruß entbiete und ihn auffordere, binnen dreimal drei Wochen zu heiraten, und zwar die Schönste weit und breit, denn keine andere sei würdig, die Frau des Königs von Minimomanamumenemipotanien zu werden.

Der kleine König stöhnte, als er die Botschaft las, denn er durchschaute sofort, was der große König im Sinn hatte, und es grauste ihm davor, die Prinzessin zu heiraten. Er wußte nämlich, wie entsetzlich dumm sie war. Er wußte aber auch, wie schlimm es für das kleine Land war, wenn der große König die Wege sperrte und die Kaufleute nicht mehr in alle Welt fahren konnten und die Garne und Stoffe und Kleider gegen andere Dinge eintauschen, die die Bewohner des kleinen Landes brauchten.

Da ließ er alle weisen Männer und Frauen des Landes auf sein Schloß bitten und beratschlagte lange mit ihnen, wie man den Plan des großen Königs durchkreuzen könnte. Es fiel ihnen aber nichts anderes ein, als daß man versuchen müßte, ein Mädchen zu finden, das noch schöner war als die Prinzessin. Aber alle wußten, wie schwer das war.

So wurden Boten durch das ganze Land geschickt, die mußten bis in das kleinste Dorf und bis zu den einsamsten Häusern mitten in den Bergen reiten und alle Mädchen auffordern, sich so schön zu machen, wie es nur möglich war. Sie sollten ihre besten Kleider anziehen und auf das Schloß kommen, und welche von ihnen noch schöner sei als die große Prinzessin, die wolle der kleine König zur Frau nehmen.

Da der König, obwohl er schon recht alt war, noch immer ein stattlicher Mann war und weil er wegen seiner Güte und Weisheit von seinen Untertanen geliebt wurde, fanden sich viele Mädchen auf seinem Schloß ein, die gerne seine Frau und Königin geworden wären. Sie hatten die prächtigsten Stoffe genommen und sich die herrlichsten Kleider geschneidert und ihren kostbarsten Schmuck angelegt und sich die kunstvollsten Frisuren machen lassen, aber das Gesicht des Königs wurde immer länger; denn keine von ihnen war so schön wie die große Prinzessin.

Schließlich sagte er: „Es wird mir wohl nichts anderes übrigbleiben, als die Prinzessin zur Frau zu nehmen. Ach, wenn sie doch nur nicht so entsetzlich dumm wäre!"

Am letzten Abend, bevor die Frist ablief, die der große König gestellt hatte, saß der kleine König am Fenster seines Schlosses und sah zu, wie die Sonne hinter den Bergen versank. Da kam auf dem Weg unter dem Schloß ein Mädchen vorbei, das sah so schön aus, daß es sogar die Strahlen der Abendsonne überstrahlte. Der kleine König schickte sogleich einen Boten aus und ließ das Mädchen auf sein Schloß holen, und als er sie von Angesicht zu Angesicht

sah, erschien sie ihm noch schöner, obwohl sie eigentlich gar nicht so ungewöhnlich hübsch und obgleich sie nur sehr einfach gekleidet war, aber das Leuchten in ihren Augen machte sie schöner als alles, was er jemals gesehen hatte.

„Du sollst meine Frau und Königin werden", sagte der kleine König zu ihr.

Da erschrak sie und antwortete: „Das geht nicht, denn ich will die Frau eines anderen werden, und den liebe ich sehr."

„Wer ist es denn, den du liebst?" fragte der kleine König.

„Der Hirte vom Mondtal", antwortete sie.

Da sagte der kleine König: „Wenn du die Frau des Hirten wirst, mußt du dein Leben lang in einer kleinen Hütte in den Bergen wohnen, und du wirst nur ein Kleid zum Anziehen haben, und das wird aus grober Wolle sein, und du wirst nur Brot und Käse zum Essen haben und nur Wasser zum Trinken. Wenn du aber meine Frau wirst, dann kannst du Wein trinken und essen, soviel du willst und worauf du Appetit hast, und die herrlichsten Kleider und Edelsteine sollen dir gehören, und du kannst in meinem Schloß wohnen, und ich will dir auch ein guter Mann sein, das verspreche ich dir."

„Das glaube ich", sagte das Mädchen. „Aber ich liebe den Hirten und will seine Frau werden, auch wenn ich dann in einer Hütte wohnen und Wasser trinken und nur Brot und Käse essen muß und nur ein Kleid habe."

„Ich will dich nicht zwingen, meine Frau zu werden", sagte der kleine König. „Aber du sollst heute bei mir auf dem Schloß bleiben und es dir noch einmal überlegen. Bis morgen früh, wenn der Hahn kräht, hast du Zeit."

Das Mädchen blieb, und der kleine König zeigte ihr sein

Schloß und alle seine Juwelen und Edelsteine und aß zu Abend mit ihr und ließ ihr vom schönsten Wein bringen und erzählte ihr seine schönsten Geschichten. Und als es an der Zeit war, zu Bett zu gehen, brachte er sie selbst in sein schönstes Zimmer. Bevor er sich von ihr verabschiedete, fragte er: „Nun, hättest du nicht doch Lust, auf dem Schloß zu wohnen und Königin zu sein?"

Da sagte sie: „Ja, ich hätte schon Lust, auf dem Schloß zu wohnen und Königin zu werden, aber dann müßte der Hirte der König sein."

Da mußte der kleine König lachen, aber zugleich war er sehr traurig, und als er in sein Schlafgemach ging, hatten alle, die ihn sahen, Mitleid mit ihm.

Als der kleine König aber am nächsten Morgen auf dem Schloßhof erschien, wo schon das Gefolge auf ihn wartete, pfiff er ganz vergnügt vor sich hin, daß alle sich darüber verwunderten. Er aber sagte kein Wort der Erklärung, sondern stieg auf sein Pferd und hob den Arm als Zeichen zum Aufbruch.

Der große König wartete schon an der Grenze, und man konnte ihm ansehen, wie zufrieden er war, denn daß der kleine König ein Mädchen gefunden hatte, das noch schöner war als seine Tochter, das glaubte er nie und nimmermehr. Die Prinzessin, die neben ihm saß, war tatsächlich so schön, daß jedermann sie wie ein Wunder ansah. Wenn sie jedoch etwas sagte, erschraken alle über ihre Dummheit, so daß der große König ihr schließlich verbot, den Mund vor dem Abend noch einmal aufzumachen, es sei denn zum Essen.

Der kleine König begrüßte den großen König und die Prinzessin, und der große König erwiderte seinen Gruß und sagte: „Ich freue mich, daß du gekommen bist, um meine

Tochter zu deiner Frau zu nehmen. Oder hast du etwa ein Mädchen gefunden, das noch schöner ist als sie?"

Da lächelte der kleine König und sprach: „Tatsächlich, das habe ich."

Der große König sprang auf und schrie wütend: „Das glaube ich nie und nimmermehr. Das will ich mit eigenen Augen sehen, und wehe dir, wenn es nicht die reine Wahrheit ist!"

Da ließ der kleine König eine verhängte Kutsche bringen, die am Ende seines Gefolges mitgeführt worden war, und als man die Tür der Kutsche öffnete, kam das Mädchen heraus. Als der große König sie sah, lachte er höhnisch und sagte: „Was, die da soll schöner sein als meine Tochter?"

„Ja", erwiderte der kleine König, „und das ist die reine Wahrheit." Er gab wieder ein Zeichen, da kamen vier Panzerreiter die Straße herab. In ihrer Mitte ritt ein Mann in Hirtenkleidung. Und als das Mädchen den Hirten erblickte, sah sie so glücklich und schön aus, daß alle davon geblendet waren und die Prinzessin den Mund weit aufriß. Da ihr aber einfiel, daß ihr Vater ihr verboten hatte, den Mund vor dem Abend noch einmal aufzumachen, es sei denn zum Essen, steckte sie sich schnell einen Bonbon zwischen die Zähne.

Der große König sah wohl, daß das Mädchen jetzt die Schönheit seiner Tochter übertraf, aber er sah zugleich, woher ihre Schönheit kam, daher fragte er den kleinen König: „Aber will sie denn auch deine Frau werden?"

Da antwortete der kleine König: „Ja, sie will die Frau des Königs werden."

Als aber das Mädchen das hörte, bekam sie ganz traurige Augen und sah gar nicht mehr schöner aus als die Prinzessin,

und der große König schlug sich mit beiden Händen auf die Schenkel und schrie: „Verloren, verloren!“ Seine Tochter steckte vor Aufregung den Daumen in den Mund und lutschte daran.

Der kleine König aber nahm seine Krone ab, winkte den Hirten herbei, setzte ihm die Krone auf und sprach: „Du sollst von jetzt an der König unseres Reiches sein.“ Und zu dem Mädchen sagte er: „Sieh dir den König an und sage uns, ob du seine Frau und Königin werden willst.“

Das Mädchen fiel dem Hirten um den Hals und küßte ihn so stürmisch, daß dem beinahe die Krone vom Kopf gefallen wäre und er sie mit beiden Händen festhalten mußte, und das Mädchen sah in ihrem Glück so schön aus, daß alle rundum Ah! und Oh! riefen, sogar das Gefolge des großen Königs. Und die Prinzessin biß vor Wut die Zähne zusammen, und da sie vergessen hatte, daß sie noch immer am Daumen lutschte, biß sie sich, daß sie laut aufschrie. Dann raffte sie ihre Kleider zusammen und lief weinend davon.

Der große König aber hopste vor Wut mit beiden Beinen zugleich in die Luft und schrie: „Das gilt nicht, das gilt nicht! Deine Frau muß sie werden!“

„Wo steht das geschrieben?“ fragte der kleine König, der nun nicht mehr der König war, und ließ sich die Botschaft bringen. „Hier steht geschrieben: An den König von Minimomanamumenemipotanien –, und das ist jetzt der hier.“ Dabei legte er dem Hirten die Hand auf die Schulter.

„Das ist Betrug!“ schrie der große König. Dann zeigte er auf den Hirten und fragte: „Soll der da etwa wirklich jetzt König sein und regieren? Der ist doch viel zu dumm.“

„Ach“, sagte der kleine König, der nun nicht mehr der König war, „das wird er schon lernen.“

„Das ist doch lächerlich“, schrie der große König: „Wann hat die Welt schon einmal gesehen, daß ein König freiwillig auf sein Reich verzichtet? Das gibt es doch gar nicht.“

„Nein“, erwiderte der kleine König, der nun nicht mehr der König war, „das gibt es auch nicht“, und er ließ sich eine Schatulle bringen, aus der nahm er eine Krone, noch kostbarer als jene, die er dem Hirten gegeben hatte. Er setzte sich die Krone auf und sprach: „Ich bin nämlich jetzt der Kaiser von Minimomanamumenemipotanien.“ Da lachte sein ganzes Gefolge, und alle riefen: „Es lebe der kleine Kaiser.“

Der große König und seine Tochter und sein Gefolge ritten spornstreichs davon, so schnell, daß ihre Pferde eine große Staubwolke aufwirbelten, die noch lange über dem Weg lag. Das Mädchen aber stieg wieder in seine Kutsche und fuhr jetzt an der Spitze des Zuges. Zu ihrer Linken ritt der Hirte, der jetzt der König war, und zu ihrer Rechten der kleine König, der jetzt der Kaiser war, und wohin sie kamen, jubelte man ihnen zu, denn es waren Reiter vorausgeritten und hatten überall erzählt, wie der kleine König sein Reich vor dem großen König gerettet hatte.

Der Hirte zog in das Schloß und heiratete das Mädchen, und der kleine Kaiser nahm ihn an Sohnes Statt an und lehrte ihn alles, was einer wissen muß, der gut und gerecht regieren will. Und als der kleine Kaiser starb, regierte der Hirte über Minimomanamumenemipotanien, und seine Frau half ihm dabei. Und da sie beide einfache Leute gewesen waren und wußten, was das Volk dachte und wollte, regierten sie noch weiser und gerechter als weiland der kleine König, und alle im Land waren zufrieden mit ihnen. Und wenn sie nicht gestorben sind, dann leben sie noch heute.

Vom Nachtigallenkönig und der Prinzessin mit dem haselnußbraunen Haar

Es war einmal ein König, der war so arm, daß er das Regenwasser sammelte, um darin zu baden, und sein Reich war so klein, daß er in jeder Richtung gerade einmal Purzelbaum schlagen konnte. Dafür wohnten in jeder der sieben Ecken seines Königreiches sieben Nachtigallen, und eine von ihnen sang immer, welche Stunde es auch sein mochte. Deshalb nannte man ihn den Nachtigallenkönig.

Den ganzen Tag saß der König an seiner Schreibmaschine, lauschte den Liedern der Nachtigallen, sah den Wolken zu, die über sein kleines Reich dahinzogen, und schrieb Märchen. Und wenn er ein Märchen beendet hatte, dann band er sich seinen schönsten Gürtel um, der war aus himmelblauem Samt mit einer großen goldenen Schnalle, und setzte seinen schönsten Hut auf, der war rosenrot und nachtschwarz, und auf seiner Spitze wippte eine lange blaue Feder, und der König ging in die Stadt, wo die Märchenbücher gedruckt werden.

Als er eines Tages wieder ein Märchen in die Stadt gebracht hatte und abends nach Hause in sein kleines Königreich zurückkehren wollte, sah der König, wie ein riesiger silberner Vogel geflogen kam und auf der großen Wiese vor der Stadt landete, und von seinem Flügel kletterte ein wunderschönes Mädchen.

„Wer ist dieses Mädchen?“ fragte der König den Schäfer, der seine Herde am Rande der Wiese grasen ließ.

„Das ist die Prinzessin mit dem haselnußbraunen Haar“, sagte der Schäfer, „und der silberne Vogel ist ihr Flugzeug, mit dem fliegt sie jeden Tag über die Länder und über die Meere, denn sie ist Pilotin.“

Der König dachte, daß sie eine sehr reiche und sehr mächtige Prinzessin sein müßte, wenn sie einen so prächtigen Vogel besaß, und er träumte davon, wie schön es wäre, mit der Prinzessin über die Länder und über die Meere zu fliegen, und als er wieder in seinem sieben mal sieben Schritt großen Königreich saß, mußte er immer an die Prinzessin mit dem haselnußbraunen Haar denken, das kam, weil er sich in sie verliebt hatte.

Jeden Abend ging er jetzt zu der Wiese vor der Stadt und wartete, bis die Prinzessin mit ihrem silbernen Vogel geflogen kam. Er versteckte sich hinter einem Baum am Wegesrand, damit er sie von ganz nahe sehen konnte, und da sah er, daß sie regengraue Augen hatte, in denen funkelten goldene Pünktchen, wenn sie glücklich war. Er hätte sie gerne angesprochen, aber er traute sich nicht, weil er so arm und weil sein Reich so winzig war.

Jeden Morgen wartete der König, daß die Prinzessin mit ihrem silbernen Vogel über sein kleines Reich flog, und mit jedem Tag wurde er trauriger, und ihm fielen nur noch Märchen ein, die so traurig waren, daß niemand sie hören wollte. Und weil der König so traurig war, wurden es auch seine Nachtigallen, und ihre Lieder machten allen, die sie hörten, das Herz schwer.

Als die Prinzessin mit dem haselnußbraunen Haar eines Abends spazierenging, kam sie an dem kleinen Königreich vorbei und hörte die Nachtigallen, und ihr wurde das Herz ganz schwer.

Da fragte sie die Nachtigallen: „Warum singt ihr so traurige Lieder?“

„Weil unser König so traurig ist“, antworteten die Nachtigallen.

„Und warum ist euer König so traurig?“ fragte die Prinzessin.

„Weil er sich verliebt hat“, antworteten die Nachtigallen.

„Aber das ist doch kein Grund, traurig zu sein“, sagte da die Prinzessin. „Wenn man verliebt ist, muß man doch glücklich sein.“

„Er hat sich in eine Prinzessin verliebt, die ist unerreichbar für ihn“, erklärten die Nachtigallen. „Sie hat einen silbernen Vogel, mit dem fliegt sie jeden Tag über unser kleines Königreich, so hoch, daß man sie kaum sehen kann. Und des Abends, wenn sie zurückkommt, geht unser König zu der großen Wiese vor der Stadt und sieht sie sich heimlich an. Er traut sich nicht, sie anzusprechen, weil er so arm und weil sein Reich so winzig ist. Und weil unser König so traurig ist, werden seine Märchen immer trauriger und wir auch."

„Weiß euer König denn viele Märchen?" fragte die Prinzessin.

„Ja", antworteten die Nachtigallen, „er kennt alle Märchen, die jemals erzählt wurden, und noch ein paar mehr, denn er ist ein Dichter und erfindet selbst neue Märchen und schreibt sie auf."

Da ging die Prinzessin zu dem König, setzte sich zu ihm und sagte: „Ich habe gehört, daß du Märchen schreibst. Erzählst du mir eins?"

Der König las ihr seine schönsten Märchen vor, und die Prinzessin bekam viele goldene Pünktchen in ihre Augen. Sie kam am nächsten Abend wieder und am übernächsten, und als sie zum vierten Mal wiederkam und die Nachtigallen immer lustigere Lieder sangen, nahm der König all seinen Mut zusammen und fragte die Prinzessin: „Willst du nicht meine Frau werden? Ich will dich liebhaben mein Leben lang."

Die Prinzessin sah ihn nachdenklich an, und der König wurde wieder ganz traurig, denn er konnte keine goldenen Pünktchen in ihren Augen entdecken, so dachte er, daß sie unglücklich war. Es war aber nur die untergehende Sonne, die ihn blendete. Sicher will sie nicht meine Frau werden, dachte der König, weil mein Reich so klein und so eng ist. Es mißt ja nur sieben mal sieben Schritt, sie aber liebt das Weite und fliegt jeden Tag über die Länder und Meere, sogar bis nach Afrika.

„Ich weiß", sagte er, „mein Reich ist nur winzig, aber dafür singen in ihm den ganzen Tag die Nachtigallen. Dort oben, wo du fliegst, singt niemals ein Vogel."

Die Prinzessin nickte versonnen und hörte den Nachtigallen zu, die gerade ein besonders schönes Lied sangen.

„Ich will dich nicht in meinem kleinen Reich einsperren", sagte der König, „denn ich weiß, du bist wie ein Vogel. Meine Liebe soll kein Käfig sein. Du sollst fliegen können, so oft und wohin du willst, aber wenn du abends zurückkommst, dann sollst du bei mir sitzen und mir von deinen Flügen erzählen, die Nachtigallen sollen für dich singen, ich will dir die schönsten Schlösser in den Wolken bauen, und jeden Tag will ich dir ein neues Märchen erzählen."

Da nahm die Prinzessin seine Hand und streichelte sie, und da die Sonne ihn nicht mehr blendete, sah der König, daß viele goldene Pünktchen in ihren Augen funkelten.

„Ja", sagte die Prinzessin, „ich will deine Frau werden. Und dein Reich ist mir auch gar nicht zu klein, denn der Himmel ist über allen Ländern gleich hoch, über den kleinsten ebenso wie über den größten. Ich muß es wissen, denn ich sehe es jeden Tag, wenn ich über die Länder und über die Meere fliege, so hoch, wie kein Vogel fliegen kann, denn dort oben müßte er erfrieren. Ja, ich will deine Frau werden und jeden Abend bei dir sitzen, den Nachtigallen lauschen und in deinen Wolkenschlössern wohnen, und du sollst mir jeden Tag ein neues Märchen erzählen."

So wurden der Nachtigallenkönig und die Prinzessin mit dem haselnußbraunen Haar Mann und Frau. Jeden Morgen, wenn die Prinzessin mit ihrem silbernen Vogel über das kleine Reich flog, winkte der König ihr mit einem großen Tuch, das war rot und weiß gewürfelt, und die Prinzessin ließ ihr Flugzeug zum Gruß mit den Flügeln wackeln. Dann machte der König seinen Rundgang durch sein siebenmal sieben Schritt großes Königreich und goß die Blumen. Und wenn er den Nachtigallen Futter gegeben hatte, setzte er sich an seine Schreibmaschine und schrieb ein neues Märchen.

Bevor noch der Sommer vergangen war, hatte er so viele Märchen geschrieben, daß davon ein ganzes Buch gedruckt werden konnte. Die Prinzessin mit dem haselnußbraunen Haar hat sie sich alle angehört und selbst die schönsten ausgesucht, wenn sie abends mit ihrem König in dem kleinen Reich saß und mit ihm Wolkenschlösser baute. Und von ihren Reisen brachte sie ihm viele Geschichten mit, damit er sie aufschreiben und neue Märchen daraus machen konnte. So lebten sie glücklich und zufrieden. Und wenn sie nicht gestorben sind, leben sie noch heute.

Inhalt